透纳
的故事
TURNER

【法】伊莎贝尔·埃诺·勒希安 著
黄莉荞 译

透纳的故事

【法】伊莎贝尔·埃诺·勒希安 著 / 黄莉荞 译

目录

绘画天才的萌芽时期
Genèse d'une vocation artistique précoce
004

初露锋芒
014

少年画家
022

从泰晤士河岸到欧洲大陆：透纳，一位游牧式的艺术家
Des rives de la Tamise à la découverte du Continent : Turner, un artiste « nomade »
030

游历英国（1789 年—1851 年）
032

探寻欧洲
054

法国（1802 年—1845 年）
056

比利时、荷兰、德国、奥地利帝国（1817 年—1841 年）
098

意大利（1819 年—1840 年）
106

瑞士（1802 年—1844 年）
126

时人眼中的透纳：独一无二
Une œuvre singulière au regard de ses contemporains
136

众多拥趸
136

传道授业
146

《钻研之书》（1806 年—1819 年）
146

皇家艺术学院的教书时光（1811 年—1828 年）
150

透纳画廊：成立个人展馆
170

开幕日：众人评画
178

经验主义的创作方式
182

罗斯金和透纳：相辅相成的评论家与画家
196

后世艺术家的灵感源泉
Une source d'inspiration pour les générations postérieures
212

原版书作品版权
Photographic Credits
226

《透纳肖像画》

Portrait of Turner

约翰·汤姆斯·史密斯 (1766年—1833年),作于约1830年—1832年,黑白棕三色水彩画,现收藏于英国伦敦大英博物馆

"透纳的外貌与我们想象中的天才完全不相干。在他生命的最后20年,也即他声名大噪的阶段,他本就短小的身材开始发福。可能是因为经常外出,他的脸被晒得通红,还常长晒斑。他有一双如点漆般的黑眼睛,目光灼灼,透露着焦躁不安;他的鼻子是鹰钩鼻。"

——雷德格雷夫兄弟(塞缪尔和理查德),《英国画家100年》(1866年)

《圣伊拉斯莫[1]和伊斯利普主教座堂》
Les Chapelles de saint Érasme et de l'évêque Islip

作于 1796 年，铅笔水彩画，54.6 厘米 ×39.8 厘米，现收藏于英国伦敦大英博物馆

该水彩画曾在皇家艺术学院展出（1796 年），描绘了威斯敏斯特大教堂内部的宏伟景象。从 11 世纪起，威斯敏斯特大教堂就是历代英国国王的加冕之地。画中交错氤氲的光影烘托了哥特式建筑的壮观。艺术家大胆地在画作前景的墓碑处刻上了自己的名字及这幅画的创作时间，似乎在宣告着自己即将在这里有一席之地。

绘画天才的萌芽时期
Genèse d'une vocation artistique précoce

透纳去世一个半世纪之后，名声比他在世时更加显赫。人们通过画展和国际刊物，渐渐走近这位英国艺术史上的泰斗人物，了解他多面的个性。丰富的展览和刊物为读者解析透纳的作品提供了充实的背景知识，包括透纳的偶像（如普桑、洛兰）、画家同侪（如科曾斯、吉尔丁、康斯特布尔）、作家朋友（如沃尔特·司各特、拜伦勋爵）、他生前访问过的国家（如法国、意大利、瑞士、荷兰）、他偏好的绘画形式（素描、水彩、油画和版画），还有透纳式的悖论（"想象与现实""描绘虚无"）等。

透纳原本模糊的形象逐渐变得清晰起来。他前所未有的诗意视角和大胆创新的绘画形式，展现了从印象派到抒情抽象派等各种不同的当代艺术思潮……从种种展览和刊物中，我们可以看到一个更加立体、丰满的透纳：他特立独行、充满矛盾、富于创新力，同时密切关注着 19 世纪上半叶英国特定艺术背景下画家的身份处境。

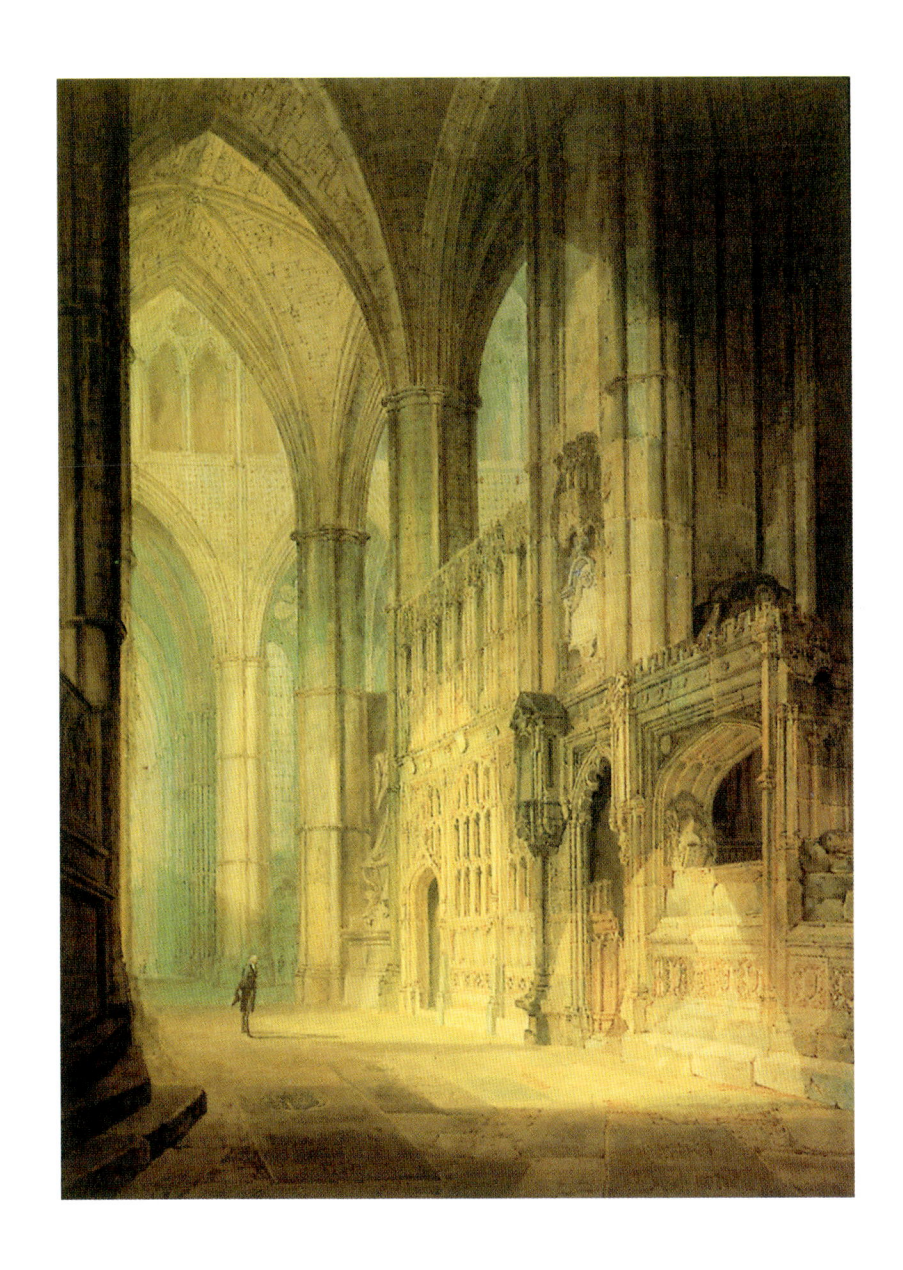

| 1 | 圣伊拉斯莫,又名圣埃尔莫,是海员的主保圣人,也是十四圣徒中的一员。

透纳的故事

透纳身后留下了极为丰富多样的作品。由于他生前立下遗嘱将画室的作品捐给了英国，所以其中大部分我们今天还能有幸瞻仰。在种种有利条件（后文详述）的加持下，伦敦泰特美术馆于 1987 年增建了附楼克洛尔画廊，专门用以展出透纳的作品，其中囊括了他近 270 幅油画及约 30000 幅水彩画、素描和习作。这为透纳的艺术热爱者提供了不可多得的机会，让他们得以深入了解这位艺术大师的方方面面。透纳的创作题材远远不限于大不列颠岛，他开辟了欧洲艺术的新时代。

约瑟夫·马洛德·威廉·透纳于 1775 年 4 月 23 日出生在伦敦一个热闹的商业区，科文特花园。他的童年是在英国社会的变革中度过的。

从经济和社会的角度看，英国的技术革新，包括飞梭（1735 年）、纺纱机（1765 年）、蒸汽机（1769 年）等发明，引起了工业领域翻天覆地的变化，特别是为冶金和纺织行业带来了巨大影响。英国的经济结构发生了根本的变换，农业和手工业逐渐让位于新的产业。

从政治的角度看，17 世纪末 18 世纪初的英国先后发生了两个大事件，为英国的相对稳定与繁荣奠定基础，使英国人民自然地衍生出一股民族自豪感：经过不流血的"光荣革命"（1688 年），奥兰治王朝掌权，并颁布了《权利宣言》（1689 年），奠定了至今实行的君主立宪制和议会制的基础；此外，奥兰治王朝还与苏格兰签订了《联盟法案》（1707 年）。

从汉诺威家族成员登基（乔治一世，1714 年）到维多利亚时代结束（1838 年—1901 年），英国巩固了自身在欧洲乃至世界的卓越地位，尽管其不平等的经济发展为城市无产阶级带来了沉重负担。

在国家的繁荣背景之下，生活宽裕富足的英国精英阶层将目光投向了艺术领域，并意识到英国的艺术底蕴逊色于其他世界大都市（如巴黎和罗马）。为了弥补英国艺术的不足，精英阶层从 18 世纪 20 年代开始推广"壮游"[2]。这项活动流行于贵族、资产阶级、艺术家、作家等家庭，旨在通过游历帮助子嗣开阔眼界。当时的青年前往边境仍动荡不安的欧洲，进行"砥砺人格"的探索：壮观的风景、久负盛名的古迹、异域的风土人情、伟大的艺术遗产……这一切丰富滋养了青年好奇的心灵。

绘画天才的萌芽时期

青年的游历之风无疑促进了艺术的发展。当时，画家们常会受邀与初出茅庐的青年一同出游，将所到之处的风物描绘下来，这一风尚推动了风景画的蓬勃发展。当时画家首选的媒材是水彩颜料，因为与油画颜料相比，水彩颜料易于操作、干燥快，这样画家就可以在较短的时间里完成一幅彩色的画作。不少青年游士或在履历丰富的画家的指点下，或自行参阅多种多样的绘画教材，开始涉足水彩画。这一时期涌现出了大量的水彩画作品，体现了一众业余爱好者对水彩画的热忱，其中不乏技艺精湛者。

　　此外，画家们借远游的机会，现场摹仿外国的艺术作品，其中有时是主动为之，有时是受人之托。从 18 世纪中叶开始，随着版画等技术的出现，市面上世界名画的仿品也越来越多。许多名家的原作被诸如皮拉奈奇[3]等大师翻印在各式刊物上，从旅游指南到当时流行的风雅的"对开本"（in-folio），应有尽有。这一新风尚引发了人们对以往名作的思考，原本相对混乱的艺术流派得以分门别类，规整细化。人们开始以地理区域（佛罗伦萨派、威尼斯派）或时间顺序（远古时期、文艺复兴时期）对艺术进行更清楚的划分。这是鉴赏家的黄金时代。

2　译者按：壮游（Grand Tour）是指自文艺复兴时期以后，欧洲贵族子弟进行的一种传统旅行，后来也扩展到中欧、意大利、西班牙等地富有的平民阶层，尤其盛行于 18 世纪的英国。所译"壮游"一词来自杜甫的《壮游》一诗。

3　译者按：乔凡尼·巴提斯塔·皮拉奈奇（1720 年 10 月 4 日—1778 年 11 月 9 日）是意大利的画家、建筑师、雕刻家，擅长版画。

透纳的故事

如果说新古典主义是在古希腊罗马艺术中寻找理想美学和人生哲学的范例，浪漫主义的大部分思想则源自北欧和日耳曼文学。在这类文学著作及其他科学文献（类似启蒙运动时期的百科全书）的启发下，浪漫主义者渐渐发现：必须将尊重自然、追求真实放在首位。"人类是宇宙中心"的旧思想不再具有说服力：人类不过是自然的一部分，无法控制自然，只能尝试与之交流。浪漫主义的这种醒悟超越国界，逐渐形成了一股新的思潮，对新古典主义主张的理性至上发起了挑战。与其他流派不同，浪漫主义并不是指代某种单一的文学或艺术风格，其主要特点是围绕着自然崇拜（荒芜而神秘的自然）和自我崇拜（自发、无意识、想象、非理性）进行创作。

　　早在几十年前，爱德华·杨（1683年—1765年）的诗歌，尤其是充满阴暗隐喻的长诗《夜思录》（1742年），就显露了后来在19世纪成型的浪漫主义思潮的一些征象。到了18世纪末，

绘画天才的萌芽时期

《从马盖特通往港口的道路》
Une Rue de Margate vers le port

作于约 1786 年,纸面墨水和水彩画,11.4 厘米 ×18.9 厘米,现收藏于英国伦敦泰特美术馆

在绘画生涯中,透纳曾多次旅居当时热门的海滨度假胜地——英格兰东南沿海的马盖特小镇。这幅画的视角略高,体现了透纳早期对地形画的偏好。透纳并没有在优雅的人物形象上着墨过多,而是重点刻画港口风景。港口也是他作品中反复出现的题材。

同德国和法国一样,英国这片土地上也出现了浪漫主义思潮,首先受到影响的是文学圈。诗人拜伦勋爵(1788 年—1824 年)、雪莱(1792 年—1822 年)和济慈(1795 年—1821 年)都是这一思潮的代表人物。拜伦勋爵在诗歌中塑造出了许多集激情、幻灭、流浪和孤独于一身的人物,如《恰尔德·哈洛尔德游记》(1812 年—1818 年)和《唐璜》(1819 年—1824 年),以此来表达自己不墨守陈规的思想追求。雪莱和济慈由于不幸英年早逝,流传于世的作品数量并不多,但仍然发人深省:雪莱的抒情诗中充斥着流浪和反叛,济慈的诗歌则体现了极端的理想主义。此外,作家和文学批评家托马斯·德·昆西(1785 年—1859 年)也是其中一员,他的自传作品《一个英国瘾君子的自白》(1822 年)引领人们走进了一个诡异魔幻的世界,让人不禁联想到几十年后象征派诗人波德莱尔的诗集《人造天堂》(1860 年)。渐渐地,浪漫主义思潮渗透到了英国的绘画圈。画家们努力探索各种新的表达方式(题材、媒材、形式及色彩),试图通过视觉语言来表现自己的"灵魂"(个人情感和主观感受)。而这种浪漫主义(并非传统意义上的"浪漫",切勿混淆)的敏感在透纳描绘"内心风景"的作品中表现得淋漓尽致。

如今，透纳被誉为英国最著名、最伟大的画家，但从透纳的出身，很难看出有什么特殊的先天因素，令他成为当时艺术和思想界的积极分子，乃至英国绘画进程中的关键性角色。透纳出生于一个商贩家庭：父亲是一名理发师和假发商，母亲来自屠夫家庭。1778年，透纳的妹妹出生，但在透纳11岁时（1786年）妹妹就不幸夭折。这直接导致了母亲精神失常，自此母亲的精神状态一日不如一日，后被送入伯利恒的一家精神病院接受了近四年的看顾，最终在伊斯灵顿的一家私人诊所去世（1804年4月15日）。

　　妹妹去世的前一年，透纳被送到一个叔叔家寄养。这个叔叔是布伦特福德（伦敦以西，泰晤士河附近，现已并入首都）的一名屠夫，透纳正是在这个叔叔家里开始了早期的创作，画花卉、画树木、画禽鸟……14岁那年，透纳搬到了伦敦牛津附近乡下的另一个叔叔家，并在那里创作了第一本编录速写本（现存267本，大部分保存在泰特美术馆中），即《牛津速写本》（共58页）。在透纳的职业生涯中，他创作了成百上千幅速写（单是19世纪40年代就不少于23幅），毫无疑问，这些是研究透纳转变的重要资料。起初，透纳画速写是为了集中思绪，巩固记忆；后来，他发现从速写中可以提取一些图案或色彩元素，作为后续创作的灵感。这些或简洁或复杂（个别有上色）的速写展现了透纳丰富多样且超乎寻常的技法，他或以线条勾勒大体，或融

绘画天才的萌芽时期

入大量精雕细琢的细节。不过，有一点贯穿始终，那就是透纳始终关注着光线的效果，常会用留白或白色高光来凸显光感。尽管这些速写只是画家个人的一种研究，并无预备供人解读讨论，但透纳的每一页速写都很出彩，速写中不那么稳定的变化见证了画家逐渐形成自己风格的过程。透纳的速写本具有特别的吸引力：页序相当随机、无章可循，有的密密麻麻写满细致的批注（各式服装、武器、索具和配件），有的则十分随意。这体现了透纳独特的辩证思维，也滋养了他的创造力。通过翻看透纳的速写本，我们可以识别出画家专属的线条和颜色代码（如"R"代表红色等），并逐渐走近画家的内心——透纳的画作比他的话语更能表达他的内心。

  透纳的速写本是非常宝贵的材料，不仅在于其美学价值（后文将详细介绍），更在于其记录意义。透纳没有写旅行日记的习惯，现存的信札中也鲜少提及旅行的见闻，因此我们只能从透纳的速写本一窥画家游历的时间线及地理位置，这使透纳的速写本变得更加弥足珍贵起来。

  关于透纳本人的生平，我们的主要依据还是他亲友的描述。遗憾的是，这些信息支离破碎，通常流于片面，有时甚至自相矛盾，所强调的不外乎是当时小报上呈现的人物形象。当代的刊物也是人云亦云，并没有揭开透纳的传奇面纱，还原他错综复杂的个性。

伦敦切尔西区的克里莫恩新路的老照片
Cremorne New Road

我们可以用一些词汇来描述透纳：外表上，平平无奇、不修边幅；心理上（忧郁倾向），卑微而敏感、不爱说话，甚至沉默寡言；经济观念上，到了吝啬乃至抠门的地步。相比于透纳被某些人大加渲染的朴素爱好（钓鱼、打猎）及善事（如中年时期照顾朋友的孩子），这样的人物形象似乎不那么吸引人。但无论如何，这些字眼也比许多书将透纳描写为"神秘者"或"僭越者"的无稽之谈要实在一些。在翻阅有关透纳的传记时，我们还发现透纳似乎在刻意掩盖自己出生和去世的日期。透纳的出生日期（4月23日）与英格兰主保圣人圣乔治的诞辰及莎士比亚的诞辰一样，这是一种巧合，还是刻意为之？透纳晚年又为什么自称"海军上将布思"呢？这些疑问看似印证了透纳喜欢故作玄虚的猜想，实际上却真切地体现了一个功成名就的画家回头审视其漫长人生的需要，以及画家谦逊的态度——他称不上愤世嫉俗，却向往淡出公众的视线，为评论家们留下些许发挥的余地。

透纳的生活围绕艺术展开，人际往来主要集中在英国艺术界和赞助人的圈子。他似乎一直在尽心维系与赞助人的关系，在其中投入的心血甚至比对亲人更多。在透纳的一生中，有两位女性和他发生过情感纠葛，但关于她们的信息，我们却知之甚少。

绘画天才的萌芽时期

第一位是萨拉·丹比,她的丈夫是透纳的一位作曲家朋友。据资料,萨拉是一名演员(或歌手),"知书达理"。萨拉的丈夫去世(1798年5月16日)后,透纳便开始接近萨拉。萨拉很可能为透纳生下了两个女儿,即埃维莉娜和乔治娜。两个女儿至少曾在透纳的两幅作品中出现。1809年,萨拉搬到了哈雷街。大约在次年,萨拉邀请侄女汉娜前来同住。此后,汉娜便一直帮忙打理透纳的画室。

第二位是马盖特的房东,索菲亚·卡洛琳·布思夫人。1834年,布思夫人的丈夫去世后,她才正式出现在了透纳的生活中。布思夫人的文化程度比萨拉低得多。自1846年起,布思夫人成了透纳的管家,透纳还以她的名义在伦敦切尔西区租了一栋"位于泰晤士河畔、有六个房间的小房子"。据画家约翰·马丁的儿子回忆,"这栋房子位于林赛街后面的克里莫恩故居附近,逼仄肮脏。整栋房子只在侧面开了三扇窗……像是可怜人住的地方。透纳先生曾自豪地向我们展示从仅有的窗户看到的绮丽风景,他说:'这就是我的素材:天空和水。是不是很美?在这里,我可以不眠不休地作画!'"透纳与布思夫人如胶似漆地生活在这栋房子里,他甚至为布思夫人修改了遗嘱(1848年),并以"海军上将布思"(意指退休的船长)的身份向邻居介绍自己。

透纳将绘画艺术视为自己真正的使命,他清楚,要想成功,离不开"勤奋、毅力和多方的关照",因此,他全心经营维系的都是行业内的人际关系。唯一与透纳的私生活和事业都密切相关的人是他的父亲。透纳的父亲是一个乐观积极的商人,亦是透纳唯一特别关注的亲人,这一点得到了多方的印证。从透纳开始习画起,父亲就一直在鼓励透纳,并给予了透纳不少帮助,不仅替他处理家事,还帮他处理画室的一系列琐事,如准备颜料、铺平画布、购置画具等。

《大火后的早晨，万神殿》
The Pantheon, the Morning after the Fire

作于 1792 年，铅笔水彩画，39.5 厘米 ×51.5 厘米，现收藏于英国伦敦泰特美术馆

透纳笔下的这座新古典主义建筑逼真生动，不禁让人联想到他"真正的导师"（这是透纳后来亲口承认的）托马斯·马尔顿。除了建筑，透纳还着重表现了废墟前各色人物真实的姿态和表情。

初露锋芒

父亲对透纳的才华充满信心，决定让他接受当时正统的艺术家培训。于是，透纳先是跟随古典主义建筑师托马斯·哈德维克（1752 年—1829 年）短暂地学习了一段时间；接着又师从地形画家托马斯·马尔顿（1748 年—1804 年），马尔顿是透纳真正意义上的艺术引路人。后来，透纳还曾为这两位老师绘制肖像。得益于这两段学习经历，透纳的画技有了长足的提高。透纳的父亲还在自己的理发店里展出了儿子的画作。在一位牧师客人的推荐之下，年仅 14 岁的透纳有幸参加皇家艺术学院的入学考试，并于 1789 年 12 月 11 日正式被这所名满当世的官方艺术院校录取。

第二年（1790 年夏），透纳的水彩画《兰贝斯宫，大主教的宅邸》便入选了皇家艺术学院的年展。这幅画因高超的透视技巧和细腻的光线处理广受好评。此后，透纳几乎每年都会有作品展出，哪怕是他尚在学院接受传统艺术培训期间也没有中断。透纳曾先后在皇家艺术学院进修古代艺术（1789 年—1792 年）和人体素描（1792 年—1799 年）。

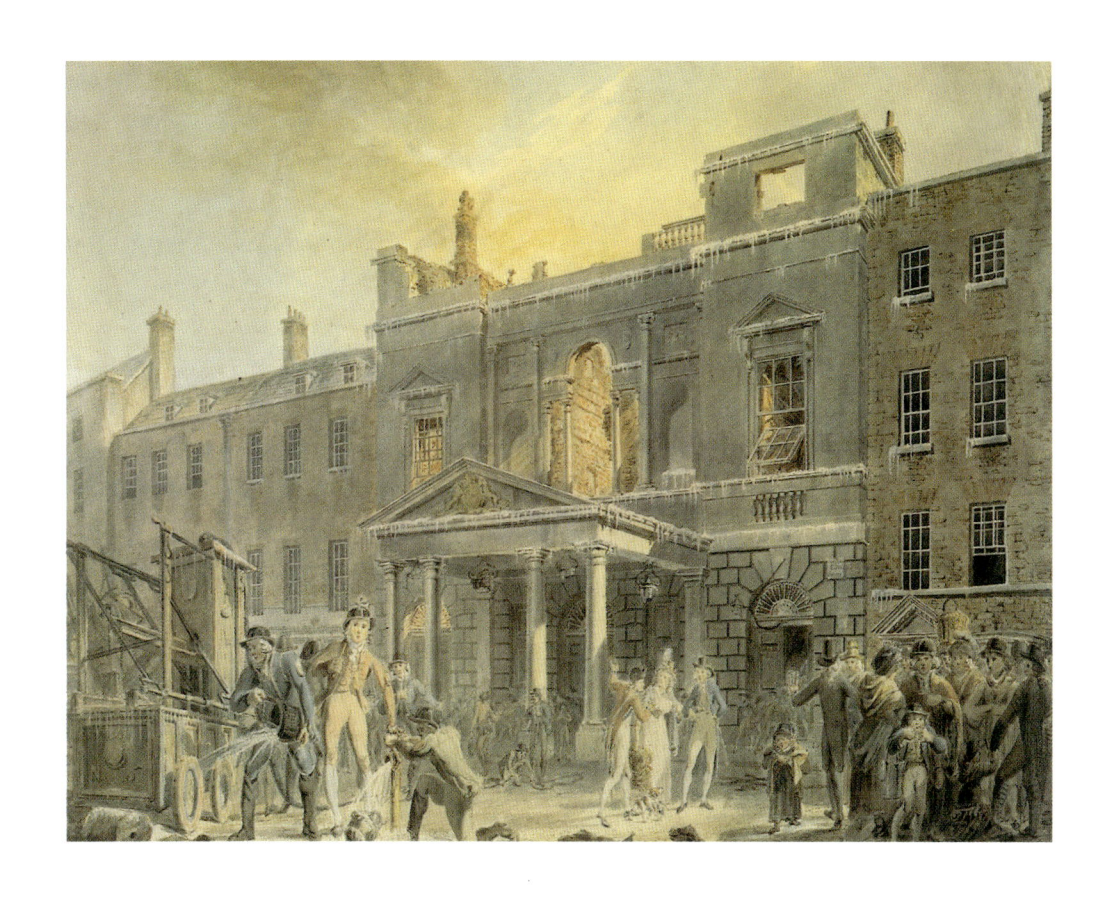

也许是因为透纳在艺术界是一个没有背景的新人,所以他迫切渴望早日在皇家艺术学院谋得正职。1799年11月,时年24岁的透纳经过数月的选拔终于如愿以偿,争取到了皇家艺术学院唯一的空缺席位,也就此成了该学院历史上最年轻的候补院士。1802年2月,透纳被正式任命为院士,此前为了完成学院的规定任务,透纳于1800年提交了画作《多尔巴登城堡》(参见第19页)。这幅水彩画是在众多速写稿和练习稿(包括六幅蓝纸上的粉彩画)的基础上绘制而成的,构图清晰,是透纳首次在学院展览的目录上为画作题自创诗。

透纳的故事

透纳速写本及日记中的自创诗，表明他曾一度尝试以抒情、寓言及象征的风格来表达自己的思想。除了自创诗，透纳也曾引用古今名家之作，如古罗马诗人奥维德的《变形记》（公元1年—8年）、英国散文家约翰·弥尔顿的《失乐园》（1667年），还有苏格兰诗人詹姆斯·汤姆森的《四季》（1726年—1730年）。透纳并非试图与这些名家比肩，而是由衷地欣赏他们的作品，并从中汲取创作灵感。绘画与文学是相通的，杜·弗雷斯诺曾在著作《绘画的艺术》（第二版，1673年）中提出"画如诗"的理念，并写道："绘画与诗歌是别无二致的两姐妹。"显然，透纳在诗中找到了内心的回响，这种回响不仅建立在古典文学（如西塞罗、蒂托·李维、奥维德、普林尼、普鲁塔奇等名家之作）的基础上，也离不开当代文学的滋养，这从透纳珍藏于书房中的《英国诗人作品集》（共13卷，1793年—1795年）就可见一二。透纳的文学素养既激发他绘制出了早期带有古典主义倾向的画作，也为他的题诗提供了文学积累。

　　1805年，透纳的同事、爱尔兰肖像画家马丁·阿彻·希（1769年—1850年）出版了《艺术之诗》，广受好评。这更坚定了透纳写诗的念头。1812年起，透纳陆续创作了很多融合讽刺、教化、寓言、抒情等不同风格的诗句，并将其汇集成了一部长篇史诗《希望的谬误》（未完成及发表）。他有时会从中撷取一些片段作为画作的题诗。为了使题诗更好地契合画作的主题和氛围（也可能是因为意识到这方面的不足！），透纳有时也会援引其他作家的诗句，或向这些名家致敬。从透纳的诗集标题"希望的谬误"来看，透纳对待世界的态度有些悲戚，而这一点在他的画作中并不明显。透纳的诗句引起了世人的兴味，倒不是因诗句本身的文学价值，而是因为人们可以从中觑见一位不喜表露个人情感的艺术家的性格。

绘画天才的萌芽时期

《兰贝斯宫，大主教的宅邸》
A View of the Archbishop's Palace in Lambeth

作于 1790 年，铅笔和水彩画，26.3 厘米 ×37.8 厘米，现收藏于美国印第安纳波利斯艺术博物馆，由科特·F. 潘泽捐赠

这是透纳年仅 15 岁时（1790 年 4 月）在皇家艺术学院展出的第一幅水彩画，描绘了兰贝斯宫（坎特伯雷大主教在伦敦的住所，始建于 13 世纪）的景色。这幅画改自透纳献给建筑师托马斯·哈德维克的一幅作品。透纳曾在哈德维克家当学徒，还曾接受地形画家托马斯·马尔顿的启蒙教育。

以透纳为《多尔巴登城堡》的题诗为例："这片沙漠有着令人悲怆的寂静。在这里，大自然将山峦掷向天空。看啊，这庄严、寂寞的塔，还有那塔上的可怜人。与世隔绝的欧文抱着手，为他失去的自由无济于事地哭泣着。"诗中的"欧文"是一名高卢王子，于 1254 年—1277 年被幽禁于城堡中。就这样，透纳为原本壮丽雄伟的景观平添了一层历史韵味，这幅画也在皇家艺术学院赢得了满堂彩。透纳年纪轻轻便得到不少同侪的赞许和鼓励，这有利于他之后发展出独具特色的艺术风格。我们知道，透纳于 1789 年入读久负盛名的皇家艺术学院，当时距学院成立（1768 年）已有 20 余年。学院有两个惯例，一是每年举办展览，二是提供免费的正式教育。作为当时英国艺术的最高殿堂，皇家艺术学院对学生有着严苛的要求。通过一系列入学考试被录取的学生本就是个中佼佼者，入学后，这些学生还必须先完成传统艺术课程（包括选修的古代艺术和石膏画室授课，以及必修的人体素描课），才能参加由院士（从当时活跃的艺术家中选拔）监授的课程。每学年结束时，校长会在典礼上致辞，并为当年表现最好的学生授予奖章。

《多尔巴登城堡》
Dolbadern Castle
作于 1800 年，布面油画，119.5 厘米 ×90 厘米，现收藏于英国伦敦皇家艺术学院

这是透纳在 1802 年 2 月被任命为院士的两年前根据规定交付的画作。为达到最理想的效果，透纳事先尝试了各种不同的绘画技巧，绘制了多个不同的版本。此外，这也是透纳首次为自己的画作题诗，诗歌讲述了中世纪被囚于兰贝里斯湖上的城堡中的威尔士历史人物的故事。这幅风景画结构清晰，立意"崇高"，另外又多了一层历史的深远含义。

学院最著名的演讲来自第一任校长乔舒亚·雷诺兹（1723 年—1792 年）。1769 年—1790 年，雷诺兹共发表了 15 次演讲（后汇编成书），这些演讲对英国的艺术史产生了深远的影响，也引发了公众的热议（自皇家艺术学院创建之日起就从未停歇）。雷诺兹在早期的演讲中谴责了画家对大自然的一味模仿，认为这脱离了艺术的本来面目（即记录"一般真理"），但在后期的演讲中，他承认了"美"的纯粹性，这种"美"不仅表征在波伦亚人的画作中，也表现在威尼斯画派、弗朗德勒画派和荷兰画派在色彩与形式上的大胆创作中。雷诺兹的演讲体现了这位著名肖像画家的理念转变，而鉴于他校长的身份，这些演讲也成了皇家艺术学院的教学指引方针。雷诺兹说："我们要激发的是想象，想象本身就集合了所有技法的精髓。"雷诺兹还曾一度因主张"艺术须是思维的结果，而非受灵感启发的产物"而闻名，可想而知，这番话从他口中说出会引发多么轰动的反响。

18 世纪晚期，和其他官方艺术院校一样，皇家艺术学院对绘画题材有着非常明确的等级划分，其中地位最高的是历史（描述圣经、神话或历史故事）和肖像（基于特定背景下），而越来越多人研习的风景则居于次位，这种等级划分无疑引发了公众巨大的争议。但无论如何，这所年轻的知名学院承受的争议都远不及法国皇家绘画和雕刻学院那般强烈——后者已经承受了长达 150 年！

透纳的故事

《自画像》
Self-Portrait

作于约 1799 年，布面油画，74.3 厘米 ×58.4 厘米（带框：98.5 厘米 ×82 厘米 ×11 厘米），现收藏于英国伦敦泰特美术馆

据推测，这幅自画像很可能完成于透纳成为皇家艺术学院候补院士的那一年。透纳将自己描绘为一名年轻的绅士，目光坚定，戴着优雅且时尚的领带。画家虽然出身平凡，但他年少成名，购画订单络绎不绝，还得以供职于名满当世的皇家艺术学院。

　　透纳入学时，皇家艺术学院的校长还是雷诺兹，因此透纳很早就接触到了雷诺兹的理念。透纳曾在 1811 年回忆道："我在学院里接受教育，聆听训导（至少我希望自己做到了），我对学院及时任校长乔舒亚·雷诺兹先生怀着真挚的敬重之情……雷诺兹先生以米开朗琪罗之名，留予我辈一卷书册，这卷书丰富、完整、取之不尽。铿锵的风格彰显其高贵，斐然的文采增加其生动。"当时的透纳初入画坛，迫切地希望能得到公众及官方的认可，因此皇家艺术学院是他的不二选择。奇怪的是，虽然透纳性格古怪、特立独行，但他在一夜成名后并没有与同行产生太多嫌隙。大部分画家都十分赞许透纳的热忱和才华，很快就接纳了他诡谲怪诞的作品，并将其视为学院的栋梁之材。当然，也不是所有人都喜欢这个突然窜出来的毛头小子。透纳的性格引来了有些人的严厉批评。有人指责透纳对领他入行的前辈缺乏尊重的，有人训斥他"举止粗鲁"，甚至"狂妄自大""目中无人"。不过，总体而言，年少成名的透纳是幸运的，源源不断的订单使他免受经济的困顿，可以尽情地创作，无须和某些画家（如康斯特布尔）一般，迫于社会约束而在主题或风格上妥协。

　　透纳早年的风格独树一帜，成名很早且没有受到太多的刁难和质疑，因此，回顾透纳 60 多年的漫长职业生涯，他几乎从未对皇家艺术学院或画家同行有多严重的不满。他以皇家艺术学院院士的身份参加了 57 次展览，共展出了近 250 幅水彩和油画……此外，透纳还欣然接受了学院的各种任命：从理事会成员（1804 年）到透视学教授（1807 年 11 月），再到访问学者（1813 年）、图书馆总监（1818 年）、临摹作品学监（1820 年）、审计长（1824 年），直至最为荣耀的职务——校长。透纳在 1845 年 2 月 20 日（起初为代理校长）—1846 年 12 月 31 日担任皇家艺术学院的校长一职。

透纳的故事

《火烧船》
Navire en flammes

作于约 1826 年—1830 年，水彩画，33.8 厘米 ×49.2 厘米，现收藏于英国伦敦泰特美术馆

画家、收藏家和鉴赏家詹姆斯·奥尔洛克（1829 年—1913 年）回忆道："（透纳）把纸铺在用水泡过的画板上，然后让颜料落在湿润的纸上，使整幅画呈现出大理石般的纹理及褪色的效果。"

少年画家

  自入行之日起，透纳就将大部分时间花费在创作上。1793 年—1795 年，透纳就读于皇家艺术学院期间，还常常去门罗画室。这是一间公共画室，位于泰晤士河畔的一栋阿德尔菲排屋里。年轻的画家们白天在皇家艺术学院上课，晚上去门罗画室临摹和（或）续画名家未完成的水彩画及素描。画室的主人托马斯·门罗（1759 年—1833 年）是一名艺术爱好者，收藏了大量的名家之作，包括托马斯·庚斯博罗、迈克尔·安吉洛·鲁克、托马斯·希尔纳等人的作品。此外，门罗还是一家诊所的首席医师。透纳的母亲去世（1804 年）前，就曾于 1800 年在门罗的诊所接受治疗。不过，门罗诊所扬名的原因主要是医治艺术家约翰·罗伯特·科曾斯（后称小科曾斯，1752 年—1797 年）的精神病。小科曾斯擅长风景画，尤其是铅笔素描及水彩画，他的素描笔触坚定且紧凑，水彩画则色彩清新、笔触飘逸、意味深长。这些画作让透纳受益匪浅。

  小科曾斯的艺术思想和理念深受父亲亚历山大·科曾斯（后称大科曾斯，约 1717 年—1786 年）的影响。1746 年—1748 年，大科曾斯曾在罗马学习，师从法国海景画家克劳德–约瑟夫·韦尔内（1714 年—1789 年）。1785 年，大科曾斯发表了著名的论文《有助于创造风景画独特构图的新方法》，并开创了"点染法"（或称"墨迹法"）："所谓的点染就是无意加上一点有意。在点染时，画家必须放眼全局，把注意力放在整体的构图上。渐渐地，画作的次要部分就会随着

画家的手和画笔自然而然地形成。"和当时的其他画家一样，透纳也十分关注这种新方法，他从东方文化和个人实践中汲取灵感，并参考达·芬奇的思想来开发想象力："当你注视着一堵布满斑点或由奇形怪状的石头搭成的墙时，你会联想到各种不同的风景：山脉、河流、岩石、树木、平原、山谷和丘陵群。"（《画册》，1721年被译为英文）此外，大科曾斯认为记忆对画家来说至关重要，并称它是创造力的刺激剂、想象力的发酵剂："没有任何一项创造不是源于记忆，从未见过风景的人无法凭空画出风景。中国画家会先花费数月，乃至数年来观察所要画的对象，然后才动笔。绘画与所有外部现实无关，它是一种记忆的形式，只不过依照的是创作的法则而非自然的法则。"

透纳的故事

4　译者按：小威廉·凡·德·维尔德，17 世纪晚期荷兰著名的海洋画家，1672 年因战乱移居英国。

照此说来，透纳绝对是一名优秀的画家，因为他过目不忘，有着惊人的记忆力。据一名画商说，有一次，透纳见落日美丽，便停下车，静静欣赏，好久才回过神来。几周后，当画商去安娜皇后街拜访画家时，发现透纳的画廊里摆着一幅夕阳画，与当晚的景色别无二致。透纳认为，记忆是创作不可或缺的"工具"，并分享了自己的诀窍："我不是单纯地复制线条，而是将形状和符号镌刻在脑海中，从我观察到的结果出发，尝试破译艺术的语言，并在可能的情况下，探索艺术的语法。"

透纳在门罗画室结识了当时已经成名的水彩画家托马斯·吉尔丁（1775 年—1802 年）。吉尔丁师从著名的地形画家爱德华·戴斯（1763 年—1804 年），为地形画加入了更加考究的色彩强度和空间感。透纳十分欣赏吉尔丁的画风，哪怕到自己的职业涯后期及巴黎时期（19 世纪 20 年代末），透纳仍然对好友吉尔丁的插画（1803 年开始陆续出版）印象深刻。对吉尔丁的英年早逝，透纳十分惋惜，并慨叹道："如果他还活着，我可能要饿死！"

透纳几乎一直在作画，如果没在画室，那就是出门写生去了。他爱好外出，乐此不疲，借此机会从不同视角观察周边环境。小到精微描绘的细节，大到整体的画面效果，透纳的写生作品（尽管每幅画的成就不同）无不体现出他对风景画的强烈兴趣。透纳是从名家前辈的杰作中领略到风景画的奇妙之处的，但奇怪的是，我们找不到透纳临摹名作的"完整"（从学术意义上说）复本，而一般画家初入行时都会大量模仿名家的手笔。罗斯金向我们解释了这一奇异的现象："当透纳想了解一位大师的杰作时，他不是临摹这位大师的作品，而是以类似的风格创作一幅新作。他不临摹小威廉·凡·德·维尔德[4]（1633 年—1707 年），而是去海边，用维尔德的方式画海；他不临摹尼古拉斯·普桑（1594 年—1665 年），而是去山上，用普桑的方式画山。在高山和大海的面前，透纳学到了维尔德和普桑无法告知他的东西。"

除了 17 世纪的荷兰画，以及法国古典主义的代表人物普桑的作品，克劳德·洛兰（1600 年—1682 年）的画作也在透纳的心中占据了特殊的地位。可以说，洛兰的艺术作品和理念影响贯穿了透纳的整个职业生涯。

绘画天才的萌芽时期

《埃及第五次瘟疫》
The Fifth Plague of Egypt

作于 1800 年，布面油画，124 厘米 ×183 厘米，现收藏于美国印第安纳波利斯艺术博物馆

这幅画源自《圣经》"出埃及记"篇章中十灾的第五灾瘟疫，透纳并不在意标题是否准确，而是关注如何再现《圣经》启示录中埃及人遭遇的瘟疫及由此造成的精神创伤。为此，透纳采用了英国古典主义画家理查德·威尔逊（1713 年—1782 年）钟爱的浓厚笔触。威尔逊被后世誉为英国风景画之父，而他本人则深受普桑和洛兰等法国古典主义风景画大师的影响。

透纳的故事

《卡那封城堡》
Caernarvon Castle
作于约 1799 年—1800 年，水彩画，70.6 厘米 ×105.5 厘米，现收藏于英国伦敦泰特美术馆

1799 年 5 月初，透纳与其他几位院士在格罗夫纳广场共同研究洛兰的两幅作品：《阿波罗的祝圣》和《埃涅抵达帕兰蒂亚的风景》。院士约瑟夫·法灵顿（1747 年—1821 年）在《日记》（研究 1790 年—1820 年英国艺术家的重要文献）中记录下了透纳"看到这两幅画作时的反应：他脸上的表情既幸福又痛苦，因为他深知这些画绝无模仿的可能性。"透纳之前大抵已见过洛兰的作品，至少见过它们的翻印版，因为洛兰的名声从未在英国消退过。洛兰在世时，英国收藏家威廉·贝克福德（他还是一名富有的作家和脾气古怪的艺术爱好者，1760 年—1844 年）就以不菲的价格从阿帝耶律藏馆（罗马）购得了上述两幅作品；洛兰去世后，佩特沃斯庄园也购入了他 1686 年创作的另一幅画。在洛兰本人汇编的《真实之书》[5] 中记录了约 200 幅画作，其中至少有 125 幅原作就陈列在英国各大博物馆和美术馆中。风景画在英国风靡一时，甚至有富甲一方的地主，在现实中人为地仿造画中的自然景观。如财力雄厚的银行家亨利·霍尔（1705 年—1785 年）就花费了近 40 年，在斯托海德庄园（英格兰南部威尔特郡）的帕拉第奥式宅邸下方重建了田园诗般的景观：穿过精心铺就的小径，在各式奇异植物的环绕之下，可以看到一个形状蜿蜒的人工湖、几座古典雅致的教堂、一处底下有天然泉水的洞穴及若干古董雕像。18 世纪 90 年代末，银行家的儿子曾邀请透纳来参观这座美轮美奂的园林……

绘画天才的萌芽时期

5　现收藏于英国大英博物馆。约 1635 年起，洛兰开始为每幅作品绘制素描稿作为记录，并在素描的背面详细写下委托人等相关事宜，这些素描稿装订成册便是《真实之书》。

《卡那封城堡》
Caernarvon Castle
作于约 1798 年，松树油，15.2 厘米 ×23.2 厘米（带框：20.8 厘米 ×28.7 厘米 ×4 厘米），现收藏于英国伦敦泰特美术馆

早在看到洛兰的真迹前，透纳便对洛兰的竞争对手之一、英国画家理查德·威尔逊很感兴趣。威尔逊在意大利半岛游历期间曾对洛兰的作品下过一番功夫，因此他的作品有不少模仿洛兰的痕迹，如将不同草图中的景物糅合为一幅"理想化"的作品。洛兰的构图精巧而不对称，笼罩着一层温柔的光晕，常以自然（云、雾等）或人造元素（建筑物等）遮挡光线。这种风格非常适合应用于英国乡村风景中，对康斯特布尔和透纳都产生了潜移默化的影响。此外，透纳还借鉴了洛兰的"轻如云气"的色彩和光线，以此来烘托大自然宁静诗意的氛围。在 1771 年的皇家艺术学院

的典礼上，校长雷诺兹在演讲中回忆道："克劳德·洛兰……坚信，描绘肉眼见到的自然本身只能创造有限的美感。"透纳效仿这位出类拔萃的前辈大师，撷取了各处的景物，将它们重新组合起来，创建出独特而新颖的画面。他对洛兰的崇拜之情虽非独有，却从未动摇。透纳一生都保持着在同侪、前辈和同事的作品中比较学习的习惯。不过，他游历四方的经历才是不竭的创作源泉，激发他画出了一幅又一幅独一无二的作品。

透纳的故事

从泰晤士河岸到欧洲大陆：透纳，一位游牧式的艺术家

Des rives de la Tamise à la découverte du Continent : Turner, un artiste « nomade »

  据许多人回忆，透纳精力充沛，常会在旅途中寻找新的课题。他一般选择在夏季出行，冬季则埋头于画室的工作。透纳的足迹不止于英国境内，自 1801 年起他开始游历整个欧洲大陆，在游历途中，他不仅会拜访收藏家，更重要的是借此画满了很多速写本（包含无数铅笔或水彩速写，以及对一些名家大作的评注）。透纳的速写本意义重大，记录了他写生、练习和思考的过程，是他众多名作的灵感来源。

  罗斯金在《英国海港图志》（1858 年）中提出，透纳的每幅画都应被视为"一个连续的思想体系的一部分"。我们可以试着以相对连贯的地理和时间逻辑来解析透纳的画作。作为一个务实派（政治倾向和背景），透纳起初将注意力放在英国，之后逐渐将眼光投向欧洲大陆。在他的绘画生涯中，欧洲各国的边界不断演变，各个国家在透纳作品中的重要性亦各不相同。毋庸置疑，透纳偏好的绘画对象（如英国、法国等国的河流）以及他收到的购画订单在很大程度上决定了他对某个国家的关注度。

《从格林威治公园远眺伦敦》
London from Greenwich Park

作于 1809 年，布面油画，90.2 厘米 ×120 厘米，现收藏于英国伦敦泰特美术馆

这幅油画曾是透纳画廊的展品（1809 年），画作的题诗既抒发了作者对繁华都市的向往，也表达了他对工业化进程可能污染河流的担忧："船拥挤地停靠在泰晤士河上，到处都是艰苦的劳作，到处都是繁忙的贸易；烟雾，蔓延到天空，遮掩了你的美貌，模糊了你的模样；但是，你的箭从四面八方刺穿了黑暗，如同向压抑的世界射来希望之光。"

透纳的故事

《雾晨》
Frosty Morning
于 1813 年展出，布面油画，113.7 厘米 ×174.6 厘米，现收藏于英国伦敦泰特美术馆

1813 年，这幅画在皇家艺术学院展出，轰动一时。索尔兹伯里大主教费希尔向来与康斯特布尔交好，致信给他，赞叹此画呈现出的平和意境："只有一幅画，我爱它超过爱您的作品，那就是透纳的名作《雾晨》。在下所言并无冒犯之意，您是波拿巴（即拿破仑）一般的伟人，只是这《雾晨》实在胜于一切……"

游历英国（1789 年—1851 年）

19 世纪初，透纳已经游历了英国许多风景如画的地方，如威尔士、牛津郡、南海岸、怀特岛、中部地区、约克郡、达勒姆、诺森伯兰郡、湖泊地区和苏格兰。英国多样的地形地貌，为透纳的创作提供了丰富的素材，也磨炼了他的画技。透纳的早期习作体现了他对地形画的浓厚兴趣。这门曾在 18 世纪风靡英国的艺术，与一群富人客户的需求息息相关——他们喜欢看到自己的庄园、园林，乃至未来的遗产被留在画中。

除了透纳，当时的其他艺术家们也走遍城中乡间，寻找能唤起家国记忆的旧址作为创作对象。他们认为断壁残垣更具有诗意，也更珍贵。这一时期诞生了许多描绘哥特式修道院、回廊、庄园、城堡遗迹（周边环境多少经过人为改动）的作品，其中不少都用到了水彩颜料。根据最早论述如何准备和使用"各类透明颜料"的著作《水彩画艺术》（1731 年）的记载，在很长一段时间里，水彩颜料都只用于版画的上色。而当下，尽管水彩变成了描绘地形和建筑时的首选，但其主要作用仍是"通过轻微晕染，对线稿进行上色"。

在众多画家中，有几位令年轻的透纳印象深刻：第一个将水彩作为独立表现媒材的画家保罗·桑德比（1725 年—1809 年），透纳曾经的老师托马斯·马尔顿，还有用断断续续的笔触来表现景物古朴特质的爱德华·戴斯（透纳后来也借鉴了这一技巧）。

当时画水彩画的传统是，先为画纸均匀地上一层浅灰色作为底色，然后加深阴影处，提亮向光面。而戴斯则勇敢地打破传统，使用两种不同的颜色作为底色（天空为普鲁士蓝，其他景物为棕色），然后通过晕染稀释在两种底色之间形成自然的过渡。戴斯的学生吉尔丁（也是透纳的朋友），是较早摒弃传统浅灰底色的画家之一。渐渐地，水彩画有了更多的可能性，从单色画变成了一种"有颜色"的艺术。

尽管如此，大部分艺术家仍习惯于先绘制铅笔或墨水线稿，再用水彩上色（水彩似乎仍被视作上色工具，而非一种独立的绘画媒材）。这或许是因为当时的画作常会被翻印成版画，而铅笔或墨水线稿（坚实的轮廓线）的存在更便于版画师加工。

透纳式地形画的独特之处在于它折中调和了几种不同的风景画传统。当时的风景画可以分为几种不同的流派。一派是较为传统的地形风景画，如 18 世纪卡纳莱托（1697 年—1768 年）等意大利画家绘制的城市景观图。卡纳莱托因准确还原威尼斯风光而闻名，其风景画注重历史的客观性，刻画精确、还原度高。1746 年—1755 年，卡纳莱托曾旅居伦敦，或许正因为如此，他的大部分作品后来都被英国人收购。另一派则是创作型风景画，旨在"对现实进行持续和细致的探索"，留出更多的想象空间，其代表画家便是法国古典主义大师洛兰。随着对洛兰画作的了解日益加深，透纳开始钻研这种特殊的风景画表现方式。最终，透纳摒弃了传统的中性色调和线稿，集众家之长，形成了自己的独特画风。而他最初在绘画界也是以地形画家的身份成名的，这为他带来了稳定的收入，购画的订单有时甚至会多到应接不暇。

透纳的故事

《从泰晤士河看温莎城堡》
Windsor Castle from the Thames

作于约 1805 年，布面油画，89 厘米 ×119.5 厘米，现收藏于英国伦敦泰特美术馆，佩特沃斯庄园藏品

透纳一共创作了 6 幅以泰晤士河畔的皇家住所为主题的画作，这幅画正是其中之一，其灵感源自作品集《艾尔沃斯[6]绘画习作》中的一幅水彩画。这幅画曾在透纳画廊展出，后被收藏家乔治·温德姆收购。乔治·温德姆收藏了不下 20 幅透纳真迹，还曾在萨塞克斯的佩特沃斯庄园里热情地接待了画家。

    不难发现，泰晤士河及其河岸是透纳整个绘画生涯中最偏爱的主题。泰晤士河是全英最长的河流，从牛津到西部，流经首都，汇入东部的北海，是贸易和旅游的重要航线。在透纳生活的时代，英国的商业正处于重要的腾飞阶段，伦敦港成了世界上最活跃的港口。尽管港口难闻的气味受到不少评论家的控诉，但港口繁忙依旧，只有等夜色降临或大雾笼罩河上时，这份忙碌才会稍有缓解。在当地居民心中，弥漫着神秘气息的雾氛有着别具一格的魅力。

    在英国时，透纳曾从靠近泰晤士河岸的郊区开始，顺流而下，从艾尔沃斯到哈默史密斯（现已并入大伦敦），尽览河畔风光。透纳尽情地描绘泰晤士河及其支流附近的迷人景色。泰晤士河发源于英国西南部，先后流经牛津、雷丁、温莎和伦敦，最后从河口（宽约 30 千米）汇入北海，河流沿岸分布着教区、大教堂及华丽的宅邸。可以说，泰晤士河孕育了灿烂的英国文明，为沿岸的乡村及尚处于城市化进程中的城镇带来了繁荣与活力。

    杜比尼及莫奈在瓦兹河和塞纳河上的船上画室为后人所熟知，但实际上，透纳早就开创了这一先例，1806 年前后，透纳在船上创作了一系列画风清新的速写（黑白和彩色）。和同时代的康斯特布尔一样，透纳将水彩画的技法运用到了油画创作中，其油画作品带有一丝自然主义风格，笔触流畅，再现了他在户外写生时观察到的光线和大气变化。

    在一次次写生中，透纳逐渐掌握了光色变幻的精髓，这些经验对其他创作也大有裨益。在一些更具古典主义特色的画作中，透纳会用简洁的构图及和谐的色彩来描绘当地的标志性建筑物或景观，并以此向前辈致敬。如在《从泰晤士河看温莎城堡》中，透纳细腻的笔触就让人不禁联想到法国古典主义绘画的奠基人——普桑。此外，透纳还时常会在展览目录上为画作题诗，进一步强化画作静谧和谐的氛围。

从泰晤士河岸到欧洲大陆：透纳，一位游牧式的艺术家

6　译者按：艾尔沃斯隶属于豪恩斯洛自治市，位于伦敦西部。1876年，凡·高曾在此地区的卫理公会教神学院担任牧师助理。

从这一时期开始，透纳的习作与成品之间的界限不再像其他同时代画家那么分明。从透纳在皇家艺术学院展出的作品中，我们可以看到画家对个别空间的处理非常粗略，尤其是他后期的作品，更是造型粗犷、用色大胆。此外，我们还发现，透纳展出的既有自然主义作品，也有波澜壮阔的古典主义作品（如"迦太基"系列），可见其多变的创作风格。

从泰晤士河岸到欧洲大陆：透纳，一位游牧式的艺术家

《诺勒姆城堡日出》
Norham Castle, Sunrise

作于约 1845 年，布面油画，90.8 厘米 ×121.9 厘米，现收藏于英国伦敦泰特美术馆

1797 年—1845 年，透纳至少创作了 7 幅以诺勒姆城堡为主题的画作。这些画作的视角几近相同，运用了各种不同的媒材（包括铅笔、墨水、水彩颜料、水粉颜料、油画颜料）。《诺勒姆城堡日出》是其中形式上最新颖的一幅，体现了透纳编排记忆素材、提取关键要素的才能。透纳大胆地表现光亮和透明感，从而创作出了这幅绝无仅有、意境深远的作品。

河流是当时英国风景画极具代表性的主题。透纳笔下的河流总是呈现出田园诗般的效果，同时带有几分隐喻色彩，就像是一部人与自然的史诗。透纳遍览泰晤士河及两岸风光所积累的经验，对于他之后继续描绘英国，乃至欧洲的风光都是至关重要的。因此这类风景画在他自然主义作品中占有至高的地位，从原作到翻刻的版画都是如此，如《雅芳河十二景图》（始于 1791 年）、《德文郡的河流》（1813 年），以及他自 1822 年着手创作的作品集《英格兰河流》。《英格兰河流》旨在描绘"祖国河山的如画美景"，起初，透纳与出版商 W.B. 库克达成协议，计划出版 12 册，每册印三幅美柔汀铜版画，一共 36 幅；然而，由于种种分歧，最终仅出版了 21 幅，这些版画描绘了"河流两岸的都市、乡村、宅邸和别墅，以及河流与大海交汇处的景色，别具风格，生动地刻画了黎明、中午、黄昏等不同时间下的光影变化，即使比起透纳和吉尔丁的精美原作，也毫不逊色"。该系列作品集中的画作难以分割，关联紧密。从少年时代开始，透纳就一直十分喜好版画这种艺术形式，其画作也总是被制成版画结集出版。

透纳的故事

《远眺普利茅斯》[7]
Vue de Plymouth dans le lointain
作于1813年，纸面油画（纸张预先做过处理），15厘米×23.4厘米，私人收藏

查尔斯·伊斯特莱克（1793年—1865年），即英国伦敦国家美术馆的第一任馆长，年轻时曾有幸见证透纳作画的迅速和高效："约翰斯先生（风景画家）准备了一个便携的小画箱，里面装有画纸及其他画具。一旦透纳停下脚步，流露出写生的意愿，约翰斯便会递上画箱。大画家接过画具便立即动笔作画……几天后，就在我们面前，透纳神情泰然地以现场绘制的草图为原型，创作出了一幅油画。"

1792年夏天，透纳从泰晤士河的发源地英国西南部进发，开启了自己的威尔士之旅。威尔士地区多山，地势崎岖，仅在南部沿海地区有局部平原。在威尔士之旅中，透纳创作了一系列不同尺寸的速写，记录了沿途的美丽风光，也让我们得以根据绘画追溯画家的游历路线。有时，透纳在水彩画中会采用鲜亮的色彩，说明他很早便开始关注景物的光影效果，正是这一点使他在一众画家中脱颖而出。在日后的职业生涯中，透纳对转瞬即逝的光影越发关注，并创作出了许多佳作，如1800年在皇家艺术学院展出的《多尔巴登城堡》（参见第19页）、十余年后的《远眺普利茅斯》，还有《涉溪》。从《涉溪》可以瞥见洛兰的一幅小油画《有夏加和天使的风景》的影子，当年康斯特布尔曾在收藏家乔治·博蒙特（1753年—1827年）家中看到这幅小油画，并对它印象深刻。不过，透纳的《涉溪》并没有赢得博蒙特的青睐，而是遭到了他一如既往的批评，主要原因是博蒙特不喜欢透纳将《圣经》的场景简化为这样一幅乡村图景。对此，透纳本人并不认可，他非常喜欢《涉溪》，经后人鉴定，这幅画的远景是透纳此前游览过的塔玛河谷（源自速写本《哈默兹河，普利茅斯》）。《涉溪》完成短短两年后的1817年，就有人想要买下这幅画，却遭到了透纳的婉拒。多年后，透纳回信道："很高兴收到您友好的来信，与我同名的朋友！另外，也感谢您对鄙作《涉溪》的问询（感谢上天让我有幸见过这条小河）。但我希望自己能保存此画，它是我的孩子。"透纳的最后一句话似乎语带双关，画中两名女子的原型很有可能是透纳的两个女儿，埃维莉娜和乔治娜。有人据此推测，画中的小溪象征着青春，涉溪则寓意着成长。此外，画中的风景看上去要比实际情况大得多，因此透纳很可能调整了人物与景物之间的比例。具有讽刺意味的是，虽然透纳深受洛兰画作及绘画理念的影响，但比起透纳在意大利创作的风景画，这种影响在他19世纪二三十年代的英国自然主义风景画中展现得更加明显。要知道，洛兰可是长年旅居意大利的古典主义画家。

7 译者按：普利茅斯位于英国英格兰西南部的德文郡，附近的乡村吸引了很多同时代的画家前来写生，如英国水彩画家塞缪尔·普鲁特。

透纳的故事

从泰晤士河岸到欧洲大陆：透纳，一位游牧式的艺术家

《涉溪》
Le Passage du ruisseau
作于 1815 年，油画，193 厘米 ×165.1 厘米，现收藏于英国伦敦泰特美术馆

这幅画的灵感源自洛兰的小幅油画《有夏加和天使的风景》（1646 年）的启发。曾有人想要买下《涉溪》这幅画，对此，透纳回信道（1845 年 5 月 16 日）："很高兴收到您友好的来信……但我希望自己能保存此画，它是我的孩子。"

    同为皇家艺术学院院士的法灵顿曾说（1802 年 2 月）："透纳认为，作为写生地点来说，苏格兰的风光要比威尔士更优美，因为苏格兰的山脉更纤细，成堆的岩石更多。"1801 年，透纳曾在一年内游历这两个地区，因此他的评价应该很有说服力。在苏格兰，透纳行走于远离尘嚣的高地上，沉醉于此起彼伏的山峦。这些高地与苏格兰的无数湖泊（第四纪冰川活动的产物，有罗梦湖、奥湖、泰河等）形成了鲜明的对比，山色湖光，相映成趣。透纳虽未亲身踏足每一片土地，但苏格兰极具特色的地形地貌深深地激发他的创作灵感。在苏格兰期间，透纳绘制了很多铅笔（有时还会用白色水粉加以提亮）及水彩习作，后又在此基础上进一步完善细节，创作出了一系列美轮美奂的名作（在皇家艺术学院展出）。

    在描绘威尔士和苏格兰两地迥异风光的过程中，透纳巧妙地融合了两个水火不容的概念："如画"和"崇高"。

    "如画"这个概念诞生于 18 世纪，先后被用来表示"给人以愉悦的视觉享受的作品"（杜·博斯主教 1719 年），以及"对自然效果进行敏锐而独到的选择"（安托万·夸佩尔，1726 年）。在"如画"的理念中，建筑及见证了历史的残砖破瓦成了衬托自然空间的配角，不对称的自然风景才是画作真正的主角。作家司汤达在《旅人札记》（1838 年）中写道，"如画"源于英国。实际上，这一概念在英国的演变与风景画（尤其是威廉·吉尔平等人的风景画）的发展是密不可分的。随着人们对风景画的热情日益高涨，"如画"逐渐成了一种观察自然、取景和构图的方式。毫无疑问，透纳也受到了这股风潮的影响，尤其是他的版画作品。1810 年，透纳在多塞特郡、德文郡、康沃尔郡、萨默塞特郡、怀特岛等多地游历，积累了大量素材，并创作了 40 幅水彩画供库克进行版刻。这些画作后来被收录到了版画集《英格兰南部海岸的如画风景》中，该书也收录了其他画家的作品，但其中最出彩的无疑还是透纳的手笔。1827 年 3 月，版画家兼出版商查尔斯·希思（1785 年—1848 年）出版了版画集《英格兰和威尔士的如画风景》的上册，并于 1829 年 6 月—7 月在伦敦的埃及大厅展出了书中的 36 幅水彩真迹，好评如潮。然而，该书的下册（包含 96 幅作品）于 1838 年出版时却在经济效益方面遭遇了滑铁卢，部分原因可能是高昂的定价。为了更好地还原画作效果，出版商选用铜版印刷，然而相较于市面上常见的平版印刷，铜版印刷的成本要高得多。

《暴风雪：汉尼拔和他的军队越过阿尔卑斯山》
Snow Storm: Hannibal and his Army Crossing the Alps
作于1812年，布面油画，145厘米×237.5厘米，现收藏于英国伦敦泰特美术馆

18世纪，罗马历史画的风尚在英国复兴。透纳的这幅画便取材自迦太基人与罗马人的战争故事，让人不禁联想到小科普斯几十年前的同题材油画。那是小科普斯首次参加皇家艺术学院的展览，那幅油画也被透纳誉为"让我受益最多的作品"。不过，透纳的画虽然取自历史题材，但实际灵感却源自画家两年前目睹的一场大风暴。在这幅气势磅礴的画作中，透纳注重细节处理，结合风景画的表现手法，以大气的笔法渲染出了风暴的力量。

    透纳对英国绮丽多彩的风景和如画的建筑情有独钟。他对这片土地很熟悉，早在游客不多时他就曾一一探访，并用画笔记录下了城市和乡村中一个个疲于奔命的身影。透纳曾多次造访沿海地区（尤其是海滨度假胜地马盖特）及肯特郡的东南部，并以此为灵感创作出了一系列画作，如《风景如画的英国东海岸风光》（1830年）。

    而"崇高"则是一种与"如画"相对的美学概念，这种概念自古有之，但在透纳时代的出版物中引发了新的共鸣和论述，如英国哲学家埃德蒙·伯克的《关于崇高与优美两种观念起源的哲学研究》（1757年）及康德的《论优美感和崇高感》（1764年）。"崇高"探究的是想象力（人类情绪或冲动）和理性斗争的产物，如伯克所说，"崇高"是一种可怖的愉悦感。从艺术上看，"崇高"就是从巨大的矛盾冲突中获得美感，从忧郁痛苦中汲取力量，进而表现出人类与伟大自然之间一种对立、不平衡的状态。

透纳有感于旅途中的所见所闻，前所未有地将"如画"和"崇高"这两种概念奇妙地融为一体，创作出了一幅幅极具个性的画作。《暴风雪：汉尼拔和他的军队越过阿尔卑斯山》是透纳早期以自身见闻作为素材的作品之一。据收藏家和赞助人沃尔特·福克斯的儿子所说，这幅作品诞生于风雨交加的一天，当时"透纳开始在一张信纸的背面涂鸦。于是，我将一本更适合作画的速写本递给了他，透纳接过本子后便全神贯注地画了起来，仿佛入了迷。风暴在约克郡的山丘里肆虐，外面雷电交加。当一切重归平静时，透纳停下笔，对我说：'看，霍基，两年后你会再次看到这幅画，标题就叫《汉尼拔越过阿尔卑斯山》。'"如果这段回忆属实，那么似乎验证了世人的推测，即画家的很多灵感都来源于日常生活的片段。

透纳的故事

作品《1829年1月22日旅人从意大利返回》便是如此，其灵感来自透纳乘马车从意大利返回英国时被困在暴风雪中的经历。同年2月16日，透纳在给伊斯特莱克的信中描述了这场事故："我正在回程的路上，没有人会像我这么倒霉……福利尼奥突然下起雪来，路上积了厚厚的冰雪，马车不堪重负、一路颠簸。我们原本准备步行，可是我的衣服实在太多了……没多久，我便全身湿透了。到了萨雷瓦利，马车又掉进了沟里，得要六头牛才能拉出来。为了把车拉出来，我们往回找了五千米……我们乘着雪橇越过塞尼斯山，在塔拉尔山的雪地上露营，点上火堆，烧

从泰晤士河岸到欧洲大陆：透纳，一位游牧式的艺术家

《1829 年 1 月 22 日旅人（乘马车）从意大利返回》
Voyageurs à leur retour d'Italie (par la diligence), le 22 janvier 1829

作于 1829 年，水彩和水粉画（刮擦法），54.5 厘米 ×74.7 厘米，现收藏于英国伦敦大英博物馆

在创作这幅画的九年前，透纳从意大利返回时也曾遭遇类似的事故。在那个时代，每个旅行者都难逃这样的命运，不得不面对紧缺的物资及无法预测的气候。这幅画采用了伦勃朗式光，画家仿佛正站在高处俯瞰，想将这一史诗般的场景记录下来。

了整整三个小时。正当我们要把马车拖出来时，一个大雪堆砸到了马车上……当天晚上，为了找到一条马车能走的大路，我们不得不踏着过膝的雪找人帮忙。"透过这段描述，我们发现透纳似乎对旅途中的事故有些兴奋，他仿佛置身事外，毫不掩饰内心的喜悦，并将这些事故视作绘画的潜在素材。其实，早在九年前的第一次意大利之旅返程中，透纳就曾遭遇类似的事故，并由此创作了水彩画《1820 年 1 月 15 日塞尼斯山的暴风雪》。但这次，透纳在水彩的基础上添加了水粉，并采用了在该类作品中算是相当大的尺寸，以营造出油画般的震撼效果。

透纳的故事

提到油画，就不得不提透纳的另一幅作品《斯塔法岛的芬格尔岩洞》。透纳曾这样向买家介绍该画的灵感："我们乘着'莫文女仆号'离开马尔海峡，预备中途在斯塔法岛稍作停歇，希望能按时抵达爱奥那州；然而，由于狂风大作、海水汹涌，我们没能按时赶到斯塔法岛，并取消了后续行程。在登上斯塔法岛有岩石堆的那一侧后，队伍中有些人躲进了芬格尔岩洞（透纳必然也在其中），不过岩洞可不是什么好玩又安全的地方，不久后便有海浪涌了进来。于是，我们又花了一个小时爬回一开始登岛的地方。上船后，船长告诉我们，他很犹豫要不要去爱奥那。当时雨声淅沥，我们即将度过一个糟糕的夜晚，船长让乘客们投票表决：'是不惜一切代价去爱奥那，还是返回托伯莫里。'多数人都反对继续前行，船长为了安抚不满的人，答应再绕岛三圈。在这期间，太阳消失在地平线上，乌云密布，狂风大作，事实证明船长的推理是正确的，我们不得不在勒沃·奥弗躲雨，直到午夜仍未赶回托伯莫里。"通过画作中的大量细节，以及透纳向亲友转述的信息，我们可以感受到这场奇遇的惊险度及可信度。

从泰晤士河岸到欧洲大陆：透纳，一位游牧式的艺术家

《斯塔法岛的芬格尔岩洞》
Staffa, Fingal's Cave

作于 1832 年,布面油画,91.5 厘米 ×122 厘米,现收藏于美国耶鲁大学纽黑文英国艺术中心

这幅作品体现了透纳成熟期的画风,后被纽约历史学家、收藏家和慈善家詹姆斯·莱诺克斯(1800 年—1880 年)收购。关于这场交易,还有一个小故事。当时,透纳询问中间人,莱诺克斯对这幅画有什么看法,中间人称:"他觉得这幅画有些不确定。"于是,透纳风趣地回答道:"请转告他,不确定性(模糊性)是我的长处,也是我可爱的罪过。"

    不难发现,当透纳置身于如此险境时,由于他迫切地想要表现出自己的种种感受,因此便不再受制于构图的严谨性,转而追求极富表现力的气势,以呈现出动荡的场面……

    以伦敦某一历史事件为题材的系列作品堪称是透纳创作生涯的里程碑。透纳目睹了 1834 年 10 月 16 日晚的议会大火,此次事故不管是对他,还是对赞成议会改革(1832 年 3 月)的公民来说,都确实地象征着旧社团主义的崩溃。与往常不同,透纳这次选择在户外创作水彩画,或许是因为过于激动和兴奋,他甚至没有将速写本晾干……从透纳在泰晤士河畔或船上绘制的速写中,可以看出他并没有将注意力放在大火中的人物及建筑上,而是更加注重壮丽的光色效果。这自然不是透纳第一次描绘大火,但通过该系列画作,我们可以看到一股力量,正是这股力量造就了他后来成熟期的画风。透纳描绘议会大火的水彩习作和油画成品超出了传统意义的还原,两种媒材虽然厚度及表现方式不同,但最终都呈现出了漩涡状的画面效果。画作的用色并不多,却通过互补色(橙色和蓝色)及明度(黑白)对比生动地表现出了熊熊烈火的光影效果,夜晚的场景在火光的映照下清晰可见。在油画版本中,透纳着重于表现空间感,以营造出恢宏磅礴的气势。以《1834 年 10 月 16 日上议院和下议院的火灾》(参见第 52 页)为例,画面底部的建筑被笼罩在巨大的阴影中,倾斜的桥梁则将观众的目光引向远处的一片火光中,同时加深了画面的景深。形如幽灵的建筑是如此渺小,乱窜的火苗则占据了双倍的空间,凸显了火势的漫无边际。在这样绝世罕见的情形下,透纳面对的是充满戏剧感、近乎幻想却又千真万确的一场事故:各种色彩与形状融合在强光的辐射下,真实与想象融为一体。透纳以极其个人化的视角描摹自然,让观众感受到了人类面对自然力量(如火、水、空气)时的无能为力。

透纳的故事

《暴风雪——汽船驶离港口》
Snow Storm - Steam-Boat off a Harbour's Mouth

作于1842年，布面油画，91.5厘米×122厘米，现收藏于英国伦敦泰特美术馆

起初，透纳将这幅画命名为"暴风雪：汽船在指挥下驶离港口，在浅水中发出信号。在精灵阿里尔离开哈里奇这个夜里，作者也在这次暴风雪中"，颇有一种历史题材的感觉，实际灵感却源自真实事件。透纳采用漩涡状的构图来表现大风呼啸中雪花纷飞的情景。在画面中央，一条幽灵般的小船被卷入了旋风中。这幅如今家喻户晓的名作，在皇家艺术学院展出时却因技法和用色受到了观众的无情批评，德国浪漫主义期刊《雅典娜神庙》更是在1842年5月14日发表评论道："此前，这位先生就曾用奶油、巧克力、蛋黄、醋栗和果冻来作画。这次倒好，所有食材都派上了用场。"

透纳尤其喜欢描绘"熊熊燃烧"的画面效果，无论是人为造成的，还是自然引发的。在此类作品中，透得以尽情展示无比绚烂的色彩（画家最钟意的元素），而这是他无法在自然灾害的主题（如洪水、风暴、雪崩等，人物仅为配角）中表现的。

在透纳众多自然灾害主题的画作中，最与众不同、新颖大胆的当数《暴风雪——汽船驶离港口》。这幅画的素材依然源于透纳自身的经历，不过标题并没有表露出他是在何等特殊的情境下创作出这幅画的：当时透纳把自己绑在船桅上，不畏狂风怒海，冒着生命危险，亲身体验了一场暴风雪。据传，法国风景画大师克劳德-约瑟夫·韦尔内也有过一段极其相似的经历。他的孙子贺拉斯·韦尔内（1789年—1863年）在1822年的官方沙龙上展出了一幅大型作品，描绘了祖父被绑在船桅上、手持速写本、观察风暴的场景。对此，时年67岁的透纳表示："他想的不是如何安全地脱身，而是认为必须得去看，他也是这么做的。"无论这段叙述的可信度有多少，我们都可以从中体会到这位献身艺术的浪漫主义画家的志向，透纳放手一搏的气魄确实为他带来了壮观的成果。然而，或许是因为个人风格过于突出，这幅画在皇家艺术学院展出后却引发了争议，助画家创作的凶险景象虽没有危及他的生命，却无疑对他的创作生涯构成了一次威胁。

从泰晤士河岸到欧洲大陆：透纳，一位游牧式的艺术家

透纳的故事

《雨水、蒸汽与速度——大西部铁路》
Rain, Steam, and Speed - The Great Western Railway
1844 年,布面油画,91 厘米 ×122 厘米,现收藏于英国伦敦国家美术馆

画中的场景真实还原了画家的亲身经历,火车及铁路大桥都清晰可辨。透纳用豪放写意的笔触及朦胧的色彩,瞬间捕捉到了雨中飞驰的火车那惊人的速度感及磅礴的气势。

　　此外,油画《雨水、蒸汽与速度——大西部铁路》也取材于透纳日常生活中的一幕。西蒙夫人回忆道,有一次,她和透纳一起坐火车旅行,路上遭遇了一场雷暴雨,透纳每次"听到有另一辆列车从对面驶来,便会把头伸出窗外,以观察列车迅速穿过雨水的场景"。这幅画笔触清晰、用色节制,与上一幅作品有着某些相似之处,不过这幅画增加了一些现代元素:象征着工业时代的大西部火车行驶在欧洲最快的铁路线上,横跨泰晤士河的梅登黑德铁路大桥(1839 年)也刚建成没几年。有观众认为这幅画"形式松散,效果放纵……超出了公众所能接受的范围";也有观众赞扬画作的古典主义视角(斜对角),以及呈现出的速度和活力。1874 年,版画家费利克斯·布拉克蒙(1833 年—1914 年)在第一届印象派画展上占尽风头的 32 幅展品中,就有一幅蚀刻版画即根据此画所作,以致敬透纳。

从泰晤士河岸到欧洲大陆:透纳,一位游牧式的艺术家

在漫长的职业生涯中，透纳经常会从真实情境中汲取灵感，此类画作（无论采用何种媒材）往往笔触清晰，呈现出漩涡状的构图。这种独树一帜的手法，加上自然神力肆虐的史诗主题，使得透纳成为英国浪漫主义的先驱。其画风也在后代的艺术家中引发了经久不息的风潮。

透纳的故事

《1834 年 10 月 16 日上议院和下议院的火灾》
The Burning of the House of Lords and Commons, 16th October 1834
作于 1835 年，油画，92 厘米 ×123 厘米，现收藏于美国费城艺术博物馆，约翰·H. 麦克法登藏品

透纳一反平时的习惯，在泰晤士河岸畔及船上绘制了大量彩色速写。在各个版本的作品中，透纳以生动且充满活力的笔触，展示了人们面对这场千年难遇的大火时的情感和震撼。画作让人不禁感叹，梦境与现实之间的界限竟会如此的模糊不清。

从泰晤士河岸到欧洲大陆：透纳，一位游牧式的艺术家

《1834 年 10 月 16 日的议会大火》
The Burning of the Houses of Parliament, 16th October 1834

作于 1835 年，布面油画，92.5 厘米 ×123 厘米，现收藏于美国克利夫兰艺术博物馆

1834 年 10 月 16 日，透纳亲身经历了这一充满戏剧性且不同寻常的事件，并据此创作出了这幅别具一格的画作（漩涡状的笔触、强烈的光线，以及节制却对比鲜明的色彩）。在画中，透纳呈现出了一个极具爆发力的奇异景象，表现了人类在自然力量（火、水、空气）面前的无力感，而这也是透纳一直以来的灵感来源。

透纳的故事

探寻欧洲

　　1802年—1845年,透纳游历欧洲大陆,但其间欧洲各国(包括偏远地区)一直冲突不断、动荡不安:神圣罗马帝国解体并颁布了大陆封锁令(1806年—1815年)、希腊爆发了独立战争(1821年—1829年)、法国经历了七月革命(1830年)……反观英国,则是一幅国泰民安、欣欣向荣的景象,只是偶有冲突发生(主要是与法国)。

　　透纳没有像同时代的画家一样在作品中明确反映当时的大事件。拿破仑、乔治三世和乔治四世是他画中为数不多的政治人物。当然,透纳并不是不认识那些所谓的大人物,如1800年—1817年,后来的法国国王奥尔良公爵(1773年—1850年)就在流浪特威克纳姆期间与透纳建立了友谊。

　　纵观透纳整个创作生涯,他始终是一位孜孜不倦的行者,从不列颠群岛行至欧洲大陆,从未停歇。这也是透纳与另一位英国风景画大师约翰·康斯特布尔(1776年—1837年)间的众多不同之一。此外,康斯特布尔出身于乡村资产阶级,喜欢描绘家乡的风景和天空("我爱描画的,就是我熟悉的地方;对我而言,绘画就是感受"),他在皇家艺术学院的展品非常严谨审慎,而透纳的展品则竭力表现自己是一名有能力在形式上大胆创新的艺术家。这使得两人获得了截然不同的评价。透纳对自己的作品一直满怀信心;而小他一岁的康斯特布尔则更为内敛,尽管他也有热情的追随者,但一直未获得同行和公众的认可。在透纳遭遇了一些尖锐的批评后(其版画集《钻研之书》被讽刺者起外号),两位艺术家于1813年相识。康斯特布尔承认:"和我想的一样,同透纳在一起令我感到非常愉快……他的心胸很开阔。"洞察局势的康斯特布尔为个别观众的缺乏远见而扼腕叹息，1836年他更是公开发声支持透纳，他说道："透纳实现了自我超越，他仿佛在用一股彩色的、渐变的、如烟云一般的蒸气作画。大家却觉得透纳玩世不恭，所以反过来讥笑他。"这番话是康斯特布尔对透纳的最高褒奖及致敬，因为英国人始终不能理解透纳对光线和大气变化的关注。

  19世纪初，马车和专为富人设计的敞篷车仍是最常见的交通工具。直到1830年—1840年，铁路才真正开始发展起来。在时速十几千米的交通工具上，透纳得以自由地欣赏眼前的风景。据传，透纳认为，尽管游历的物质条件有诸多限制，却也不失为速写的好机会，他后续的很多创作灵感都来源于旅行：旅途中常会遇到停歇的情况，且时间较长。旅人停歇通常是为了休息或更换马匹，有时也因为天气变幻或其他不可避免的意外（如《血泊中的死马》中，马车便翻倒在了崎岖的路上）。透纳利用这些空隙创作了许多生动的习作，并习惯在习作上画些潦草模糊的标记，以防止灵感被第三方剽窃。

  透纳游历欧洲的首要目的是参观同时代画家笔下那些风景壮观、地貌丰富的地区。同科曾斯父子、弗朗西斯·汤恩（约1739年—1816年）和约翰·沃里克·史密斯（1749年—1831年）一样，透纳也向往高低起伏的景观（如陡峭的山脉、层峦叠嶂环绕下的湖泊），不仅是因为景观的多样性，还因为其符合"崇高"的美学概念；这也是为什么透纳选择在阿尔卑斯山的边界地区（法国、意大利和瑞士境内）进行第一次海外远足。

透纳的故事

> **《加来海滩：潮落时，女鱼贩子在收鱼饵》**
> *La Plage de Calais, à marée basse, des poissardes récoltant les appâts*
> 作于 1830 年，布面油画，73 厘米 ×107 厘米，现收藏于英国曼彻斯特伯里艺术博物馆
>
> 画中空旷荒凉的场景让人不禁联想到英国浪漫主义风景画家波宁顿（1802 年—1828 年）笔下的法国北部沿海风光。波宁顿仅仅活了不到 27 年，在他去世后的次年 6 月，他生前留下的画作被拍卖。透纳十分欣赏波宁顿的画风，并在这幅油画中借鉴了波宁顿水彩画中的轻盈效果。整幅画呈现出宁静清透的气氛，唯有落日处的色彩格外浓厚，两者形成了鲜明的对比，而这也正是透纳的独到之处。

法国（1802 年—1845 年）

回顾透纳的整个职业生涯，他在 1802 年—1845 年进行了近十次法国之旅，创作了 49 本速写本，从简单的草图到完整的作品，总计三千多幅画作，其中大部分是用铅笔或墨水完成的，有时也会用到炭笔和色粉笔，偶尔会用水彩上色。

起初，透纳去法国只是为了阿尔卑斯山这一"崇高"的主题，仅会在沿途必经的城市稍作停留，不会长住。后来，随着透纳对法国文化越来越感到契合（尽管他几乎不会说法语），加上市场的需求，他开始探索法国多地的风土人情，包括东部（斯特拉斯堡）、芒什海峡沿岸（加来、阿姆布尔特斯、布洛涅、勒特雷波尔、厄城、和迪耶普）、皮卡第区（吸引透纳及罗斯金等同时代人的不是亚眠而是这里的海岸）、诺曼底、布列塔尼、奥弗涅、地中海沿岸……此外，透纳还沿着罗纳河、卢瓦尔河、塞纳河等河流进行旅行，欣赏到了法国乡村和城市的多样景观。

虽然法国离英国海岸只有约三十千米，但大部分英国人却对这个邻居有着十分矛盾的情感，一方面英国人对法国驰名世界的艺术遗产充满向往，另一方面他们又对其植根于天主教的文化怀有谨慎的态度。作为一个岛国，英国得以更好地保留自身文明的独立性，却也因此遭到孤立。18 世纪是英法争霸的年代，法国一系列的革命流血事件与拿破仑的矛盾形象（有人视之为英雄，也有人视之为野心家）使英国人无法对这个国家形成统一的印象。此外，拿破仑的欧洲政策体现了他强烈的扩张欲望，而这在英国人眼中无疑是一种巨大的威胁。在这一背景下，英国艺术界渴望形成自己国家艺术流派的愿望日益强烈。

  1802 年 3 月，英法等国签订了《亚眠条约》，自 1793 年以来一直阻碍人们进行旅行的英法战争就此告一段落，欧洲出现了短暂的和平。于是，透纳同其他英国艺术家一样开始筹备自己的欧洲之旅。

  透纳的长期赞助人雅伯勒伯爵（1798 年，透纳曾与他同住过一段时间）"协同另外两位绅士"专门成立了一项基金，以鼓励透纳"学习欧洲大陆的大师名作"。后来，透纳又在另一位绅士纽比·洛森的赞助及陪同下开始旅行。洛森比透纳年长 18 个月，是一个有文化的地主、收藏家和绘画爱好者。在透纳的点拨下，洛森颇受启发。

透纳的故事

1802年7月5日，透纳抵达与英国一岸之隔的加来，这是他首次穿越海峡。在这次旅行中，透纳主要游历了巴黎、梅肯、里昂及阿尔卑斯山，最后前往瑞士。透纳在巴黎停留及作画的具体时间（比如是在去程还是返程）已经无从考证，但从大量以巴黎为主题的现存画作中，可见巴黎在透纳心目中的重要性，尽管巴黎只是他通往阿尔卑斯山之路上的一站。

　　在透纳之前，友人托马斯·吉尔丁就于1801年去过巴黎，还带回了许多油画和版画，他滔滔不绝地向透纳描述卢浮宫的艺术瑰宝。要知道，自大革命结束以来，尽管伦敦在旧贵族藏品市场中占据首位，但尚没有一所公共博物馆。因此，要想一睹古代杰作的真容，就必须得到私人收藏家的同意，而私人藏家经常会设定种种条件（如邀请函或入场费）来限制人们进出自家画廊。因此，不难想象透纳是多么迫不及待想要瞻仰卢浮宫中的众多珍品，何况拿破仑当时刚从新征服的欧洲地区带回了数不胜数的艺术珍宝。

从泰晤士河岸到欧洲大陆：透纳，一位游牧式的艺术家

《从塞纳河看西黛岛和巴黎圣母院》
L'Île de la Cité vue de la Seine, avec Notre-Dame

作于约 1795 年,蓝纸上的水彩和水粉画(羽毛笔),现收藏于英国伦敦大英博物馆

在尚未踏足欧洲大陆时,透纳就曾受其他画家作品的启发创作了几幅水彩画。这幅画正是其中之一,画作采用传统地形风景画的常用视角,右岸的西黛岛清晰可见。

    此外,透纳的速写本《卢浮宫画册》也体现了他对卢浮宫兼收并蓄、精美绝伦的艺术品的热爱。速写本中包含铅笔素描、水彩仿品和手写的批注,记录了画家感兴趣的大师作品及喜欢的原因。其中既有意大利大师,如科雷吉欧(1489 年—1534 年);乔内久(约 1476/1478 年—1510 年)、提香(约 1490 年—1576 年);也有北方文艺复兴大师,如鲁本斯(1577 年—1640 年)、伦勃朗(1606 年—1669 年)、鲁斯达(1628 年—1682 年);还有古典主义宗师,如著名的法国画家普桑。

    奇怪的是,这本速写本中唯独没有洛兰的作品(众所周知,透纳对这位风景画家是多么崇拜),于是人们提出了各种各样的猜想,可能是挂画方式或光照条件不尽如人意,可能是博物馆为举办展览临时转移了 14 或 15 幅藏品,也可能是因为透纳十分确定洛兰最优秀的作品都在英国的收藏家手中。实际上,与其他洛兰的狂热追随者(如康斯特布尔)不同,透纳并不是很喜欢洛兰早期的油画。比起早期更注重内心、光彩夺目、绿意盎然的画作,透纳更喜欢洛兰 1630 年—1670 年期间那些气势恢宏的作品。1821 年重游卢浮宫时,透纳找到了洛兰那一时期创作的八幅油画,并将其一一记录在了自己的速写本中。

透纳的故事

《维纳斯和阿多尼斯》
Vénus et Adonis
作于约 1804 年，油画，149.9 厘米 ×119.4 厘米，私人收藏

从标题就不难看出，这幅画是透纳对提香同名画作的致敬之作。透纳曾多次向提香致敬，并高度赞扬提香的名作《殉道者圣彼得》（已失传），称其"神圣"，是"风景画最伟大的荣光"！一直以来，透纳都很欣赏提香的明亮用色及精湛画技。在透纳去世前两年，他选择在皇家艺术学院再次展出这幅油画（未润饰）。

游历途中看到的名家画作，尤其是大师的绘画主题及技巧开拓了透纳的眼界，让他受益匪浅。在完成首次欧洲游历、钻研各位大师的名作后，透纳便开始以从中习得的风格进行创作。这不失为明智之选。同年（1802 年），透纳入选为皇家艺术学院院士。在透纳后续完成的画作中，游历之地的景色始终占据着非常重要的位置，并且风景画的比重也愈来愈大。不仅如此，归功于透纳在风景画上的卓越成就，风景这一原本不那么受重视的绘画题材得以在皇家艺术学院的等级体系中拥有更高的地位。

在此次逗留巴黎期间，透纳还结识了一些法国艺术家，如雕塑家莫特和肖代、画家皮耶尔-纳西斯·盖兰（1774 年—1833 年）……透纳曾临摹盖兰的名作《马库斯·塞克斯图斯》（1799 年），这也是透纳职业生涯中唯一临摹过的当代画家，最终的成品中还可以看到法国古典主义画家雅克-路易·大卫的影子。

其实，早在透纳第一次踏上欧洲大陆前，他就在拜访门罗医生时燃起了对欧洲大陆的兴趣。也正是在这一时期，透纳接到了一批水彩画订单，于是他以前辈画家的地形画为灵感，描绘了巴黎（两幅）、布卢瓦、图尔，还有阿尔卑斯山等地的风光。

透纳的故事

《狂风中的荷兰船只》
Dutch Boats in a Gale

作于1801年，油画，162.5厘米×222.2厘米，私人收藏（租给英国伦敦国家美术馆展出）

与其他早期作品一样，《狂风中的荷兰船只》表达了透纳对前辈的崇敬之情。这幅画是透纳在收藏家布里奇沃特的委托下完成的，呼应了荷兰画家维尔德的一幅海景画——布里奇沃特不久前刚从奥尔良人手中买下了那幅海景画。《狂风中的荷兰船只》有着强烈的光色对比，细节精准，呈现出了一幅极度戏剧化、险境丛生的场景，令人不禁联想到维尔德对同类题材的处理手法。

在透纳首次欧洲之旅的15年前（1786年），人类首次登顶勃朗峰。此后，除了刻画阿尔卑斯山绮丽风景的画作，还出现了一些导览性质的出版物（如指南、地图、报告等），为迫切渴望探索阿尔卑斯山脉的旅行者指引行程，介绍必经之路上崎岖却风光旖旎的道路。该地区有着丰富多样的地貌，对透纳等英国艺术家来说，英国完全没有能与之媲美的写生地点，这也就可以解释为什么透纳会坚决地前往多芬尼和萨瓦省的高山地区，甚至深入瑞士了。在首次欧洲之行中，透纳观赏了千娇百媚的自然风光：纵深的峡谷、崎岖的地形、悠远的山谷、高耸的群山、永不消融的积雪、壮观的瀑布、宁静的湖泊……透纳涉足的地区还是受到了拿破仑战略部署（如勃朗峰省[8]）及军队动向（其首要目的是挺进意大利）的限制。不过，无论如何，透纳终于能用自己的眼睛去感受从前仅存在于书本或想象中的风景，并将这些曼妙的风景纳入自己的画中。从一幅幅画作中，我们可以一窥透纳的游历路线，他既会游览英国画家常去的地方，也会去那些鲜为人知的景点，如瓦莱达奥斯塔[9]的库马耶。

8　译者按：勃朗峰省是法国历史上的一个省份，对应今法国萨瓦省与上萨瓦省，以划定了法国与皮埃蒙特之间边界的西欧最高峰勃朗峰命名，省会尚贝里。

9　译者按：瓦莱达奥斯塔位于意大利西北部的多山地区，是意大利面积最小的大区。

透纳的故事

《萨瓦省邦纳维尔的圣米歇尔城堡》
Château Saint-Michel, Bonneville, Savoie

布面油画，91.5厘米×122厘米，现收藏于美国纽黑文耶鲁大学英国艺术中心，保罗·梅隆藏品

此画曾在皇家艺术学院展出，灵感源自透纳此前在勃朗峰山麓地区绘制的几幅速写，描绘了当时画家进入阿尔卑斯山的必经之地。整幅画的风格相当传统，令人不禁联想到法国古典主义的奠基人普桑。

  透纳先经过里昂和格勒诺布尔（他为参观查尔特勒隧道的山脉而在这里逗留了几日），然后沿伊泽尔河谷而上，来到萨瓦（艾克斯）和上萨瓦（安纳西），接着他沿阿沃尔河谷（勃朗峰-夏慕尼、萨朗什、圣马丁、科尔杜邦霍姆）抵达瓦莱达奥斯塔（库马约尔、奥斯特），再从大圣贝纳尔山上越过瑞士边境，前往洛桑，感受瑞士的风土人情：从伯尔尼到沙夫豪森的莱茵瀑布，从苏黎世到卢塞恩，再从布里恩茨湖到琉森湖（福里埃伦）……

  法灵顿在《日记》（1802年10月1日）中转述了透纳对首次欧洲之旅的印象，这段话暂无对证，不过据法灵顿回忆，透纳当时仍倾向于将沿途风景与祖国的景观做比较："透纳来看望我。他刚在里昂待了三天，他觉得罗纳河不算令人惊艳，索恩的风景倒是非常秀丽。里昂的建筑要比爱丁堡的更好，要知道爱丁堡城堡在他眼中可是无与伦比的。查尔特勒隧道及瑞士的格林德瓦看上去宏伟壮观。据他所说，瑞士的树木对画家而言是非常糟糕的，好在那里的悬崖峭壁极为浪漫绝美，令人震撼。总体而言，瑞士胜过威尔士和苏格兰……里昂附近的乡村并不美，斯特拉斯堡的更糟。"

透纳根据这次初游欧洲的经历,创作了九本速写本(其中便有《卢浮宫画册》),并在其中做了不少新的尝试。在速写本中,透纳运用了各种不同的媒材,如铅笔、水彩颜料、油画颜料,这些速写既是他未来创作的刺激剂,也令人眼前一亮,吸引了不少新的购画者。速写本《圣哥达和勃朗峰》和《格勒诺布尔》中有几幅精雕细琢的习作,使客户不仅能从中了解透纳偏好的题材,还能熟悉他惯用的技法、用色及画作尺寸。

《冰海》
La Mer de Glace

作于 1802 年,灰纸上的水彩和水粉画,31.4 厘米 ×46.5 厘米,现收藏于英国伦敦泰特美术馆

透纳首次踏上欧洲大陆时,热切地盼望一睹阿尔卑斯山和冰川的容貌。其他画家作品中壮观的崎岖地貌,无疑激发了透纳寻找 "崇高" 主题的兴味。

《圣哥达山口》
Le Col du Saint-Gothard

作于 1804 年,刮擦水彩画,98.5 厘米 ×68.5 厘米,现收藏于英国坎伯里亚郡肯德尔的阿博特·霍尔艺术画廊

1802 年,透纳在前往欧洲大陆途中经过了阿尔卑斯山口,这里是连通瑞士中部与意大利的优选路径。在这幅画中,透纳以拦腰截断的视角(看不见山脚和山顶)凸显了峡谷和山脉的绮丽壮美。

从泰晤士河岸到欧洲大陆:透纳,一位游牧式的艺术家

透纳的故事

《梅肯的葡萄酒开幕节》
The Festival of the Opening of the Vintage, Macon
作于 1803 年，布面油画，148 厘米 ×240 厘米，现收藏于英国谢菲尔德市美术馆

这幅大型油画的灵感来自古典风景大师洛兰的《风景画：雅各布和拉班》，不过在创作前透纳只看到了该画的版画版本。直到 1808 年，透纳才在乔治·温德姆的藏品中见到这幅画的真容。据说，透纳还曾效仿洛兰"为画布上胶，不铺底色"。

当时，市面上出现了一些制作考究（封皮采用小牛皮、铜扣等）的精装速写本，体现了人们对速写的关注。此外，1804 年成立于伦敦的英国皇家水彩画协会从早期的展览开始就专门为速写预留了一个展厅，供艺术家向公众展示自己的速写作品。虽然透纳从未在此展出作品（院士无权在外展出），不过从参观人数来看，由透纳的朋友威廉·弗雷德里克·威尔斯（1762 年—1836 年，水彩画协会的创办者之一）主导的这项倡议颇受欢迎。

从泰晤士河岸到欧洲大陆：透纳，一位游牧式的艺术家

《风景画：雅各布和拉班》
Paysage avec Jacob et Laban
克劳德·洛兰，作于 1654 年，布面油画，现收藏于英国佩特沃斯庄园（英国国民信托）

  返回英国后，透纳又根据这些速写在画室中完成了几幅大型油画，并于 1803 年在皇家艺术学院展出。其中有两幅描绘博纳维尔（萨瓦省）的油画——《加来的河堤》和《梅肯的葡萄酒开幕节》，透纳巧妙地在田园风光中融入了普桑式的几何构图，描绘出了勃朗峰和阿尔卑斯山脉的开阔视野。《梅肯的葡萄酒开幕节》无疑是透纳的第一幅大型古典主义油画。整幅画的视角略高，和谐统一的画面及开阔场景中阶梯式的铺排，令人不禁联想到洛兰的《风景画：雅各布和拉班》。不过，两位画家的题材截然不同，洛兰的题材取自《圣经·创世纪》中记述的希伯来族长的故事，而透纳则更注重表现勃艮第"如画"的田园风光，描述了自己在清晨重游勃艮第的场景，一切都沐浴在晶莹剔透的光晕中，让人忘却时间，尽情享受这节日的诗意……法灵顿在《日记》（1803年 5 月 3 日）中称，英国画家和收藏家乔治·博蒙特爵士曾讽刺透纳的这幅画"借鉴了洛兰，却忽略了色彩。"其实，透纳起初只是通过威廉·伍利特（1735 年—1785 年）1783 年出版的版画集看到洛兰的画作；直至 1808 年，透纳才在未来的朋友兼赞助人乔治·温德姆珍藏于佩特沃斯庄园的艺术品中一睹洛兰原作的真容。此后，透纳借鉴洛兰的画风创作了几幅作品，如《汤姆森的风弦琴》《寻找阿普鲁斯的阿普鲁亚》等。

《加来的河堤：渔民准备出海，一艘英国客轮到港》
La Jetée de Calais, avec des poissards se préparant à prendre la mer : arrivée d'un paquebot anglais

作于 1802 年—1803 年，布面油画，172.1 厘米 ×244 厘米，现收藏于英国伦敦泰特美术馆

在透纳以海景和港口为题材的画作中，我们往往会看到 17 世纪荷兰画家的影子。这幅画中变幻莫测的光线似乎是受到鲁伊斯达尔（1628 年—1682 年）的启发，而精雕细琢的细节则是受到维尔德的影响。

从泰晤士河岸到欧洲大陆：透纳，一位游牧式的艺术家

《汤姆森的风弦琴》
Thomson's Aeolian Harp

作于 1809 年，布面油画，167.6 厘米 ×302 厘米，现收藏于英国曼彻斯特美术馆

从标题及展览目录上的四行诗可见，这幅画与诗人汤姆森（1700 年—1748 年）必然有着千丝万缕的联系，如画作重现了汤姆森的代表作《四季》（1726 年—1730 年）及《埃俄罗斯[10]的竖琴颂歌》中的场景。透纳将英国的风景画与神话主题融合在一起，似乎借鉴了理查德·威尔逊（洛兰的追随者）的画风，同时向古典大师洛兰及其伟大、理想化的风景画致敬。

10　译者按：埃俄罗斯，希腊神话中的风神。在古希腊史诗《奥德赛》中，埃俄罗斯拥有四种不同的风袋，只要打开袋口，就能吹倒树木或驱动帆船。

英法停战 14 个月后，两国关系又重新紧张起来，直到拿破仑于 1815 年 6 月在滑铁卢战役败北并被彻底流放后，形势才又归于平静。然而，透纳直到四年后才重游法国。这次，透纳先在巴黎待了两天，创作了第一批户外写生作品，然后越过塞纳河游览塞夫尔和圣克劳德，接着穿越勃艮第，分别在里昂和萨瓦省短暂停留了一段时间。

回程途中，透纳为速写添上了一些彩色的批注，并记录了一些人物的姿态和活动。在 1821 年秋天的法国之旅中，透纳首先游览了迪耶普和鲁昂的各个城市，然后沿塞纳河前进，并一路绘制了不少作品。其间，透纳在阿比维尔稍作逗留，游览了著名的皮卡第大区，该区以钟楼（13 世纪）及圣沃夫兰中学或圣墓教堂（15 世纪）的哥特式华美外观而为英国的地形画家所熟知。

《特拉法加战役》
The Battle of Trafalgar

作于 1823 年—1824 年，油画，259 厘米 ×365.8 厘米，现收藏于英国格林威治国家海洋博物馆

这幅画相较于透纳 1806 年创作的第一幅相同主题的作品要更简单些，是国王乔治四世唯一官方收购的作品。透纳将纳尔逊海军上将的船置于画面的中心，以此向上将致敬。这位海军上将冒着生命危险赢得了特拉法加战役（1805 年 10 月 21 日）的胜利，终结了拿破仑对英国的扩张主义倾向，确立了英国在未来一个多世纪的海上霸主地位。

    我们注意到，透纳为建筑添加了大量详细精确的批注，其细致程度远胜于地形画家的常规速记。那一时期的英国画家往往着迷于刻画法国的历史建筑，以此来还原一个"老法国"，透纳也不例外，因此在当时的伦敦画展上涌现出了很多此类题材的画作。

    在此次法国之旅中，透纳会见了几位参与出版《在如画的老法国的浪漫之旅》的同僚。这是第一本采用石印版画作为插图的巨著，第一册出版时（1820 年）距这项技艺问世不到 30 年。全书共 25 册（最后一册于 1878 年出版），第一册遵循了当时旅行类书籍多用插图的传统，作者伊西多尔·泰勒男爵（1789 年—1879 年）和查尔斯·诺迪埃（1780 年—1844 年）均专注于描绘诺曼底风光。自此，诺曼底与法国北部一同成为英国人"壮游"的必去之地。透纳对该书情有独钟，一方面是因为书中选择的地点，另一方面是因为书中极具艺术价值的版画作品。

    到了 1824 年，透纳开始专注于描绘芒什海峡的海岸公路（在迪耶普和加来之间）。次年，透纳首次到访法国港口城市布洛涅，并由此出发前往荷兰。

透纳的故事

《特拉法加战役》
The Battle of Trafalgar

作于 1806 年，布面油画，171 厘米 ×239 厘米，现收藏于英国伦敦泰特美术馆

  1826 年，透纳再度游历法国，穿越了法国的西北地区（迪耶普、阿尔科斯巴塔耶、格兰维尔），为《英吉利海峡（芒什海峡）》版画项目做筹划，该项目后于 1827 年 1 月宣告流产。虽然透纳的具体行进路线无从考证，但一般认为他先是穿越了法国西部（莫莱克斯、布雷斯特、坎佩尔、南特）和卢瓦尔河沿岸，为《法国河流》（原名为"透纳的年度巡展"）寻找素材。然后，透纳还在奥尔良和马赛创作了一系列描绘中央平原和罗纳河风光的作品（收录于 1828 年的速写本中）。接着，透纳穿过里昂、阿维尼翁、阿尔勒，到达马赛大港口。他在速写本《从马赛到热那亚》中描绘了地中海沿岸的特殊地貌，以及该地区的明媚阳光。根据透纳的速写，我们推测透纳很可能是乘船从弗雷瑞斯前往尼斯的。他在画中勾勒出了沿海地区（戛纳、昂

蒂布、卡涅斯）的奇异地形（大多出现在远景中），捕捉到了褐色岩石与蓝色海水间的色彩对比……透纳冒着酷暑穿梭在蜿蜒的小路中，前往尼斯、佩永、摩纳哥和芒通，观察高处的村庄、山顶的岩石和内陆的干旱植被。或许是因为着迷于沿途的景色，透纳的行程远远滞后于原计划。1828年10月13日，透纳从罗马给英国的友人乔治·琼斯寄了一封信，信中写道："我花了近两个月才来到原先计划的作画地点投入创作，不得不承认这是我自己的过失。我还要去法国南部看看，尽管南部的酷热会使我筋疲力尽……我太虚弱了，只有海上绮丽的风光才能支撑我继续朝最终目的地前进。"

透纳的故事

就这样，1820年—1835年，透纳在游历法国途中绘制了许多草图和速写，为后期的创作积累了大量宝贵的素材。这些艺术成果彼此紧密相关，因为这一时期透纳活动繁忙，常常是同时进行好几个项目。在游历英国及其他国家的过程中，透纳不断观察并积累素材，为诸多项目做准备，如《法国河流》（1833年—1835年）三部曲、《欧洲河流》（项目流产）及《拿破仑的一生》。

尤其是1829年—1835年，透纳常会参与制作一种高贵典雅的书画册，这种册子被称为"纪念册"（Keepsake），极具盎格鲁-撒克逊风情。纪念册常被人们当作新年礼物赠给亲友，其特色是将浪漫、写实或诗意的文字与精美的名作版画结合在一起。1829年，透纳曾为一本纪念册创作了两幅风景画，该纪念册现收藏于巴黎的希拉尔顿·波维内特家。透纳在宣传时称，纪念册是"一流的文学作品与英国最杰出的版画的完美结合……每位业余爱好者以及有品味之士的书架上都应有它的一席之地"。

在众多纪念册项目中，最精彩的当属"透纳的年度巡展"，后被称为《法国河流》。这是透纳应伦敦编辑查尔斯·希思之邀，与苏格兰作者雷奇·瑞奇（1797年—1865年）[11]合作完成的一部长篇巨著，透纳共绘制了61幅画作，全书分为三卷：第一卷《漫步卢瓦尔河畔》收录了与卢瓦尔河有关的画作（1833年）；后两卷则收录了与塞纳河有关的画作（被统称为《漫步塞纳河畔》），分别是《从河口到鲁昂》（1833年—1834年）和《从鲁昂到源头》（1835年）。

  总体而言,《法国河流》中的风景画呈现了大自然温柔亲和的一面,记录了不少祥和热闹的景象:各式各样的船只停泊在卢瓦尔河或塞纳河岸边,从轻舟到大驳船,来往的行人三三两两、各自忙碌,堤岸和纤道充满生气。

  在透纳早期的风景画中,人物仅为次要元素。透纳会削减画面中人物的比重,简化人物形象,使人与自然融为一体,让人不禁联想到洛兰风景画中的舞者。不过,这种处理手法引起了有些观众的反感。对此,罗斯金曾在艺术杂志《现代画家》中为透纳发声:"下述言论并非是口不择言地为一幅粗制滥造的作品辩护(当然,风景画中的劣质品很少);我只是想说,一切都是事出有因,画中的某些'美中不足'也是必要的。如在表现前景中的人物时,先画一个圆加四个粉红斑点表示脸,再画四条线表示手和脚……实际上,当人的眼睛经过自我调节接收到最远处的光线,再看所有距离范围的局部影像时,近处人物的轮廓和线条不可能会比透纳呈现出来的更清晰了。"无论是描绘乡村风光,还是城市景观,透纳都会巧妙地利用孩童和大人的存在进一步烘托画面气氛。

---

11 雷奇·瑞奇著作颇丰,写作范围包括历史科普、爱情小说及游记(他写过意大利、蒂罗尔州、莱茵河等)。

《莫韦山丘附近的卢瓦尔河景》
Scène sur la Loire, près du coteau des Mauves

作于约 1826 年—1830 年，蓝纸上的水彩和水粉画（羽毛笔），14 厘米 ×19 厘米，现收藏于英国牛津阿什莫林博物馆

此画的灵感源自《漫步卢瓦尔河畔》系列第二本画册《南特-昂热-索米尔》中的铅笔速写，受到了罗斯金的青睐。与透纳的其他作品一样，这幅画以细腻微妙的色调变化营造出宁静的氛围，光线与轮廓朦胧不清的景物融为一体，因此要翻刻成版画绝非易事。

在透纳的风景画中，既有不同的视角，如高空俯瞰视角或水面边际视角，也有不同的季节和时间变化，可见画家的表现力之强。透纳的画作细节精准，但这并不意味着画家会百分之百地还原真实情况，实际上透纳经常会根据画作需要调整各元素间的比例，不过即使如此，观众仍能轻松地辨识出画中的地点。

在游历了法国西北海岸后，透纳于 1826 年 10 月初抵达卢瓦尔河岸。卢瓦尔河对英国人似乎有着特殊的吸引力，雷奇·瑞奇曾这样写道："卢瓦尔河孕育了闻名世界的图赖讷和安茹帝国等国家，今人在此出土了祖先的遗骨。卢瓦尔河岸上流传着无数浪漫的历史轶事。" 18 世纪，卢瓦尔河是英国年轻人"壮游"的不二选择，他们希望能在此"学习法语，习得贵族流行的技能，如跳舞、击剑和骑马，而不愿意沾染大都市的恶习弊病"。不过，当时关于卢瓦尔河及河岸的地形资料仍凤毛麟角，沃尔特·司各特（1771 年—1832 年）在创作小说《惊婚记》时（1823 年）甚至一度为找不到合适的插画而懊恼，尤其是普莱西斯-图尔城堡的画作——这座城堡是国王路易十一世（1423 年—1483 年）最钟情的行宫，也是他逝世的地方。随着《惊婚记》大获成功，众多画家和作家，包括司汤达、德拉克洛瓦、波宁顿、亨利·詹姆斯等人都开始关注这座城堡，以及小说中前往法国追逐名利的苏格兰年轻人的形象。

透纳似乎只花了15天来游览卢瓦尔河这条法国最长的河流。透纳在其间的画作汇集成了《漫步卢瓦尔河畔》，共分为三本画册：《从莫尔到南特》《南特-昂热-索米尔》《图尔、奥尔良和巴黎》。

　　不过，画册的页序并不能作为还原透纳实际路线的依据。目前比较可信的推测是，透纳先登陆迪耶普，接着前往鲁昂、瑟堡、库唐塞、格兰维尔和科唐坦海岸，然后经过菲尼斯泰尔（莫尔莱、朗代尔诺、坎佩尔、孔卡尔诺）和莫比汉（洛里昂、瓦讷、拉罗什·贝纳德），最后抵达南特——透纳第二本画册中的起点。小幅速写是第二本画册中的亮点（尤其是一开始的几页），体现了透纳在出版作品时细致严谨的态度。

透纳的故事

《汽船的三面图、自航驳船、人物和旧圣弗洛朗风光》
Bateau à vapeur vu sous trois faces, gabarre, figure et vues de Saint-Florentle-le-Vieil
作于 1826 年，铅笔画，出自《南特-昂热-索米尔》，每页 17 厘米 ×11 厘米，现收藏于英国伦敦泰特美术馆

　　南特是法国西部最大的城市，拥有近 80000 居民，透纳从各个角度描摹了这座繁荣的港口城市。他参观了南特中心的布列塔尼公爵城堡，并描绘了河口的河水漫上南侧城墙的场景（《法国河流》的扉画）。此外，透纳还描画了南特的圣皮埃尔大道和埃德尔河畔。他对现代建筑也颇感兴趣，尤其是新古典主义的格拉斯林广场大剧院。该剧院取名自一位富有的金融家，据导游介绍，这位金融家于 18 世纪末建成了南特"风景最绮丽"的街区。

　　离开南特后，透纳乘船前往昂热，不过我们无法确定他具体乘坐的什么船。自 19 世纪 20 年代初以来，塞纳河下游便不乏英美制造的蒸汽船，第一条常规运营的南特-昂热航线于 1823 年 3 月正式建立。但从透纳的速写看来，他似乎更偏爱更具特色的传统交通工具，如自航驳船。自航驳船通常用于运输货物，船头宽而高，底部平坦，桅杆高耸，宽大的白色方帆时而悬起，时而放下。这种船只常常出现在画家此段旅程（往莫夫山丘方向、克莱蒙城堡、乌顿、尚普索、安塞尼斯、圣弗洛朗、英格兰德或蒙让）的速写中，似乎是塞纳河的特色。

1826年10月3日，透纳抵达昂热，在昂热城堡附近的平台上俯瞰这座历史古城，创作出了若干全景图。透纳后期越来越多地开始采取这种俯瞰的全景视角。或许是因为透纳连夜乘马车从昂热出发，赶了60千米路抵达索米尔，在透纳现存的画作中并没有找到两地之间其他景观的痕迹。除了充满历史底蕴的城堡（如《贝里公爵极其富裕的时期》），透纳也画著名的建筑，如建于1775年的塞萨特桥。这座桥采用当时法国的一项新兴技术，建筑师受到了威斯敏斯特大桥加固技艺的启发，先放置大量的桩，再在桩上干砌砖石……同样，透纳在索米尔和图尔之间的行程也几乎没有任何线索可循。在图尔，透纳完成了本次旅程的最后一组速写。透纳将重点放在城市本身，以及居民众多、百姓安居乐业的城郊地区。此外，透纳不忘游览名城古迹，如昂布瓦斯、布卢瓦、博恩西奇、奥尔良等，描画其间精致的建筑。

透纳的故事

《昂布瓦斯》
Amboise
作于 1826 年—1830 年，蓝纸上的水彩和水粉画（羽毛笔），13.2 厘米 ×18.7 厘米，现收藏于英国牛津阿什莫林博物馆

　　旅途充满了不确定性，透纳有时会在马车或船上作画，因此有些速写的轮廓会略显模糊。在透纳完成的近 80 幅彩色速写（作于蓝纸上）中，有一半采用了类似的取景：以低视角描绘高耸而崎岖的地形（通常是山坡或悬崖），河流旁往往有一座悠久的古迹（有时已成废墟）。这使透纳的作品给人以重复的印象，仿佛他乘船渡过激荡的河流时无视了南特到奥尔良（布洛瓦和图尔除外）沿途其他闻名于世的城堡和古迹。鉴于透纳几乎一半的作品都在描绘城市景观，罗斯金略微夸张地感叹道："我才发现透纳画的是'法国河流'而非'法国城市'。"不过，后来他对透纳的风景画给予了很高的评价："透纳确实是世间擅长描绘山丘之美的第一人。"总体而言，罗斯金还是十分欣赏该系列的版画集，于 1858 年将其购买了下来，并于三年后捐赠给了牛津大学美术馆（自 1908 年起藏于牛津阿什莫林博物馆）。因此，学生们得以瞻仰这部无与伦比的经典版画集——罗斯金认为它堪与博物馆的镇馆之宝拉斐尔或米开朗琪罗的杰作相提并论。

从泰晤士河岸到欧洲大陆：透纳，一位游牧式的艺术家

  在《漫步卢瓦尔河畔》的三本画册中，透纳都只是以寥寥数笔简单地勾勒出景物或建筑的轮廓，画作的吸引力主要还是在于微妙而和谐的色彩。因此，要将这些画作复刻成黑白版画并非易事，甚至会有些令人无从下手。透纳的速写草图与成品之间存在着明显的差异，可见成品是他结束旅程返回英国后才创作的。

  这是透纳首次将从未公开的版画汇编成册，在此之前，只有业已出版的版画才会被他汇编成册。透纳的这本版画集采用优雅的深紫色封面，尽管价格不菲（是竞争对手的两倍），但仍广受好评。《文学公报》（1832年12月1日）评论道："我们早已对精美的画作及制作精良的画集司空见惯，但这本版画集无疑是前所未有的。"《雅典娜神庙》的记者也热情洋溢地评论道："这是一本关于'美'的画册，令其他画册自惭形秽。我们的确见过透纳生动迷人的手绘风景，但同时目睹如此之多的优秀作品还是头一回。"

| 12 | 译者按："黄油塔"的名字源于重建塔楼时的费用：一部分来自盐税、肉税等其他食品税收，一部分来自布尔日大主教的年收入，还有一大部分则来自当时的信徒，他们因害怕自己在斋戒期间吃黄油等荤食，而不能上天堂，所以纷纷购买赎罪券。

除了《法国河流》第一卷《漫步卢瓦尔河畔》的 21 幅金属版画，透纳还通过新闻预告了将出版塞纳河姐妹篇画册的消息。该消息一经公布，评论家们便纷纷提出质疑，认为出版塞纳河的新画集意义不大。毕竟沿岸风景最为优美的地方（如诺曼底）之前都已经被绘成插图刊印了。

然而，透纳并没有就此放弃，仍选择在 1802 年—1832 年游历塞纳河畔，他先后七次游河，完成了多幅描写岸上风光的画作。在作画时，透纳通常会对地形稍做改动，把个别元素舍去，更改景物的比例，尤其当他选择从高空俯瞰或水面边际视角来呈现开阔的全景时。透纳对某些场景特别关注，如塞纳河河口附近的港口，包括勒阿弗尔及周围地区（格拉维尔、哈弗勒尔等）、翁弗勒尔，还有格拉茨海岸上的面朝河流或坦卡维尔的海景。透纳顺着塞纳河一路向南，创作了有关奎勒博夫、里尔博纳（内陆）、维勒奎尔、考德贝克、朱米埃格斯、杜克莱尔、坎特莱乌和鲁昂周边地区的许多风景画。此外，透纳还从不同角度观摩了鲁昂活跃繁华的内河和海上港口。

1821 年—1832 年，透纳曾四五次旅居鲁昂，因此他对这座港口城市非常了解。他描绘过鲁昂高贵的哥特式建筑，包括圣母大教堂（12 世纪—14 世纪，又称鲁昂大教堂）及著名的黄油塔[12]，还有钟琴、书院、大钟楼等。透纳穿梭在城市的大街小巷，在蓝色的画纸上绘制速写。通常，透纳会用棕色墨水以灵动简洁的线条勾勒建筑，无论是简单的房屋还是宏伟的中世纪建筑都能被他清晰地呈现出来。为了更好地表现相对复杂的地貌，他会加强明暗对比度，辅以清新的色彩，进而有效地表现出不同的光线和大气变化。

从泰晤士河岸到欧洲大陆：透纳，一位游牧式的艺术家

《鲁昂：大教堂的西立面》
Rouen: façade ouest de la cathédrale
作于约 1832 年，蓝纸上的水粉画，为《漫步塞纳河畔》所绘，14 厘米 ×19.4 厘米，现收藏于英国伦敦泰特美术馆

在 1834 年出版的《漫步塞纳河畔》第二册《从河口到鲁昂》中，莱奇·雷奇写道："没有人在瞻仰这座伟大建筑的立面时不发出惊叹，它的美无人能描绘。这座哥特式建筑的细节看似平平无奇，可一旦结合在一起，就成了一个宏伟和谐的整体，足以震撼观众的眼睛和内心。"

在这方面，最引人瞩目的画作当属《鲁昂：大教堂的西立面》。在这幅画中，透纳描绘了鲁昂大教堂的西立面，但由于找不到足够远的观察点，他放弃了对实景比例的严格分析，转而根据需要调整了各元素间的比例，如建筑的高度。在左侧深色大楼的映衬下，右侧沐浴在午后金色阳光下的教堂成了整幅画的焦点。透纳选择了一个较低的视角，观众无法看到塔楼的全高，自然也就不会注意到建筑的不对称性了。为赋予这座复合式建筑一种和谐统一的感觉，透纳并没有使用过多的色彩，而是通过互补色（赭色的建筑和蓝色的天空）及白色的高光（阳光撒在精雕细琢的石饰上）来表现画面的光色效果，塑造建筑的体积感，营造画面的景深。此外，透纳还在画面底部添加了一些人群，用人物的渺小来反衬出教堂高大恢宏的气势，打造出类似纪念碑的画面效果。

透纳的故事

《晨光中的鲁昂大教堂正门》
Cathédrale de Rouen, le portail, soleil matinal
克劳德·莫奈,作于 1894 年,布面油画,106 厘米 ×73 厘米,现收藏于法国巴黎奥赛美术馆

  虽然由于街道的宽度及周围环境,画家们无法找到合适的观景点将整座主教堂尽收眼底,但他们还是前赴后继地进行挑战,力求将教堂完美地呈现在自己的画作中。继透纳之后,印象派画家克劳德·莫奈也描绘了鲁昂大教堂在不同自然光照下的景象。在著名的"鲁昂大教堂"系列(1892 年—1893 年)中,莫奈选择了更常见的紧凑构图,不考虑建筑元素的非对称性,巧妙地凸显教堂的雄伟恢宏,使大教堂整体的气势与立面丰富的装饰(这是一项古老的技艺)达到了完美的平衡。
  莫奈与透纳的画作相隔近 60 年。毫无疑问,莫奈有从透纳的作品中汲取经验,他借鉴的不一定是透纳的原作,也可能是翻刻的黑白版画。此外,我们注意到,莫奈的系列画十分相似,没有太多的变化,就像是在对同一幅版画的不同样张进行润饰。不过,两者的作品虽然相似,却仍存在着差异。莫奈虽然很早就创作了自然(如磨盘、白杨树)题材的系列画,但以建筑为题材还是头一回。因此,莫奈创作"鲁昂大教堂"系列的初衷很可能是希望学习半个多世纪前英国同行透纳的绘画风格,尤其是透纳擅长的光影对比。

从泰晤士河岸到欧洲大陆:透纳,一位游牧式的艺术家

透纳的故事

《圣日耳曼昂莱》
Saint-Germain-en-Laye

作于约 1830 年，水彩画，29.9 厘米 ×45.7 厘米，由罗伯特·瓦利于 1832 年翻刻成版画出版，现收藏于法国巴黎卢浮宫

这是透纳第一幅被卢浮宫收购的水彩画。这幅色调明亮的全景画是透纳为 1832 年的一本纪念册而作。纪念册是收录高雅诗歌和散文的作品集，辅以翻刻的名家作品为配图。该画的翻刻由罗伯特·瓦利(1794 年—1872 年) 完成，罗伯特·瓦利还曾为透纳翻刻一些描绘卢瓦尔河和塞纳河的画作。

在游历完鲁昂后，透纳开始逆流而上，向塞纳河的源头进发，这段旅程后来成了《法国河流》后两卷塞纳河部分的题材。透纳在上诺曼底游历了卢维埃、埃夫勒、莱桑代利（尼古拉·普桑的出生地，位于弗农的盖拉城堡中世纪堡垒下面），然后在法兰西岛陆续游览了芒特拉若利、穆兰、普瓦西、圣日耳曼昂莱、马尔利、布吉瓦尔、马尔梅森、圣但尼、圣克劳德、塞夫尔和巴黎。

从泰晤士河岸到欧洲大陆：透纳，一位游牧式的艺术家

三十多年来，透纳曾多次（七八次）游历巴黎，第一次是在 1802 年，主要参观卢浮宫。这些游历经验为透纳积累了上百幅速写素材，也为他提供了源源不断的创作养分，开拓了他的创作范围。透纳的速写本数量众多，有时很难确定一幅画具体与哪段行程相关，或是用于哪个项目。不过，经过仔细推敲，我们还是得以一步步还原透纳在巴黎的行踪。透纳游览的景观虽然同在巴黎，却相距较远：他尤其喜爱富有历史气息的名胜古迹（如卢浮宫、圣日耳曼大道、奥赛美术馆、巴黎圣母院），以及塞纳河畔较为偏远的新开发区（如圣马丁运河、圣罗兰教堂、圣马丁门、圣丹尼门、意大利街）。

透纳的故事

《在基耶伯夫和维勒基耶之间》
Entre Quillebeuf et Villequier
作于约 1832 年，蓝纸上的水粉画（羽毛笔），13.7 厘米 ×19.1 厘米，现收藏于英国伦敦泰特美术馆

此画的创作时间略早于《勇敢的战役》（1838 年，参见第 202 页）。画面远处是传统的运输工具帆船，帆船前方则是象征着新兴技术的蒸汽船，两者相互映衬，似乎在喻指当时的工业化及现代化进程。

在向塞纳河流源头前进的过程中，透纳还描绘了万塞讷、莎朗顿、梅伦、特瓦耶（此趟旅程的终点站）等地的风光。这些城镇依次分布在河流两岸，可见透纳是严格围绕画册出版的需求来制定游历路线的。与《法国河流》的第一卷《漫步卢瓦尔河畔》相比，在后两卷中，透纳不仅描绘了时常出现在历史画中的城市自然景观和名胜古迹，还加入了塞纳河上频繁出现的现代化意象（如汽船、新建的桥梁、工厂的烟囱），不过并没有让这些现代元素破坏画作原本的氛围。后两卷的画作大多是在夜幕降临时所画，有几幅表现出了一种难以平复的焦灼感。以透纳描绘基耶伯夫的画作（包括速写及 1833 年的成品）为例，奔腾汹涌的河流直逼城市的港口，有时还可以在涌潮中瞥见几艘身处险境、摇摇欲坠的小船。不幸的是，虽然透纳为《法国河流》后两卷的出版进行了无数勘察，但两卷出版时（1834 年和 1835 年）只各印了 20 册。

《基耶伯夫,塞纳河口》
L'Embouchure de la Seine, Quillebeuf

作于 1833 年,91.5 厘米 ×123.2 厘米,布面油画,现收藏于葡萄牙里斯本卡洛斯提·古尔班基安基金会

此幅全景图的灵感来源于《法国河流》中的一幅水彩画。这幅画曾在皇家艺术学院展出,并附有透纳的批注:"流沙让河口变得危机四伏,登陆的船随时可能在一个海浪的拍打下,跟随涌向内陆的潮水而搁浅、倾覆。当地人把这股波浪称为涌潮。"为更好地呈现河口的凶险,画家选择了一个非常低的视角来凸显这一景观的魄力,并采用若干对比鲜明的色彩进行处理。

透纳的故事

《巴黎：从帕西栏杆看到的塞纳河景》
Paris : la Seine vue de la barrière de Passy
作于约 1833 年，蓝纸上的水彩和水粉画（羽毛笔），14.3 厘米 ×19.4 厘米，
现收藏于英国伦敦泰特美术馆

    在透纳的画作中，塞纳河和卢瓦尔河呈现出两种迥然不同的风格。透纳游览塞纳河的次数更多，因此他对塞纳河的了解也更深刻。此外，在创作第一卷《漫步卢瓦尔河》之前，透纳绘制风景画时多选用较浅的底色（如白色或浅灰色），几乎从未在蓝纸上作画，因此一开始他还不是很适应这种新的画纸，无法完全发挥其魅力，而在创作后两卷时，透纳就成竹在胸、得心应手了，因此效果也更好。罗斯金十分欣赏并收购了透纳这一时期的风景画，他认为，《法国河流》"是透纳画过的最好的作品，除了透纳为诗集所画的那几幅带缘饰的版画"。和很多画家一样，罗斯金更喜欢后两卷的《漫步塞纳河畔》系列，认为它们"更能体现艺术的可爱之处"；而第一卷的画作则"完成度不高"，不过他也承认这些画"雄伟壮丽、引人入胜"。（引自《作品》）

《巴黎：花卉市场和兑换桥》
Paris: le marché aux fleurs et le pont au Change
作于约 1832 年，蓝纸上的水彩和水粉画，13.9 厘米 ×19 厘米，
现收藏于英国伦敦泰特美术馆

  尽管《法国河流》获得了同行的一致好评，但该项目在经济上却收效甚微。金属版画固然可以无限量印刷，但其成本却比 30 年来占据艺术市场的石版印刷高出许多。不过，得益于一些特殊条件，这部版画集后来颇为观众称道。首先，伦敦出版家和版画家查尔斯·希思发现透纳的作品定价高昂，便建议他将其进行出租。于是，透纳罕见地举办了商业目的的展览。该系列作品先后展出，引发了观众的许多思考，也因此更加出名。再者，《漫步塞纳河畔》出版不久后，为了挣回成本，希思决定调整版式，再版并增补了透纳的其他法国主题作品，新版一经问世便大受欢迎，甚至影响了后世的几代画家。据资料，哪怕是在法国，德拉克洛瓦、毕沙罗乃至莫奈等人，都曾接触或拥有透纳的这套版画集。

《列日主教谋杀案》
L'Assassinat de l'évêque de Liège
欧根·德拉克洛瓦，作于 1829 年，布面油画，91 厘米 ×116 厘米，现收藏于法国巴黎卢浮宫

　　在法国，透纳曾与很多人会晤，其中值得一提却经常"被遗漏"的一次是他与浪漫主义代表人物欧根·德拉克洛瓦（1798 年—1863 年）的会面。我们不确定透纳具体在何时拜访了住在巴黎的德拉克洛瓦（据推算为 1829 年—1832 年）。德拉克洛瓦曾在《日记》中写道："透纳给我留下的印象很普通。他看上去像一个英国农民，穿着皱巴巴的黑色外套，鞋子有些大，一张脸看起来坚硬且冰冷。"这段话写于 1855 年 3 月 24 日，也就是两人见面的 20 年后，这段简明扼要的描述虽然不怎么吸引人，但与同时代其他人描述的透纳形象颇为吻合。除了外表，人们还常会提到透纳身上的反差：他看上去毫无特色、刚毅寡言，但他的作品却多元、独特且大胆。美国年轻画家托马斯·科尔（1801 年—1848 年）回忆了自己在 1829 年参观透纳画室的场景："从他的外表和言谈看不出任何天才的痕迹。他看上去像一个水手，或是一名海岸警卫员，举止倒是与他的外貌相符……不过，我无法想象他能画出这些惊世佳作，他的外表与灵魂完全不相称。"

　　德拉克洛瓦与透纳的交谈内容无从考证，但可以想象，以花花公子外表著称的德拉克洛瓦对这位前辈的回忆可能会因其不起眼的外貌和局促的举止而产生偏差，何况透纳的法语不好，无法清晰地表达自己的想法。

　　在当时的法国，透纳的名气主要来自画作翻刻的版画。因此，德拉克洛瓦很可能并不是很了解透纳的作品，倒是有不少轶事提到德拉克洛瓦对康斯特布尔（"我们的风景画派之父"）非常崇拜，如德拉克洛瓦在看到了 1824 年巴黎官方沙龙上康斯特布尔的画作《干草车》（1821 年，现收藏于英国伦敦国家美术馆）后，立即将自己原本的参展作品《希阿岛的屠杀》（1824 年，现收藏于法国巴黎卢浮宫）中的天空重绘了一遍。透纳想必对这幅被国家收购并自 1829 年起在卢森堡博物馆展出的作品所引发的热议有所耳闻。

继《希阿岛的屠杀》之后，1827年，德拉克洛瓦的第二幅屠杀题材画作《萨达那帕拉之死》在官方沙龙上展出，因打破传统、残暴杀戮的画风再度饱受争议，这让德拉克洛瓦十分受伤和痛苦。《萨达那帕拉之死》描绘了亚述最后一位国王的悲惨传说，据传他最终焚毁宫殿自杀。德拉克鲁瓦热衷于英国文学，因此这幅画的创作灵感很可能源自英国浪漫主义作家拜伦勋爵1821年的剧作《萨达那帕拉》（次年被翻译成法文）。在这一点上，透纳与德拉克洛瓦趣味相投。透纳十分了解拜伦的生平和作品，知道拜伦是刻画浪漫主义英雄的标志性人物。早在19世纪30年代初，伦敦出版商约翰·默里便邀请透纳为《拜伦勋爵的生平和作品》（1832年—1834年）绘制了17幅插画。此外，透纳和德拉克洛瓦都对苏格兰作家沃尔特·司各特崇拜有加。1829年，德拉克洛瓦受司各特的著名小说《惊婚记》的启发，创作了《列日主教谋杀案》。而透纳筹备《法国河流》项目期间，也曾为司各特的作品创作插画。在司各特去世前一年（1831年），透纳曾

透纳的故事

《乔治四世在爱丁堡议会的宴席上》
George IV au banquet du Parlement, Édimbourg

作于约1822年，红木油画，68.6厘米×91.8厘米，现收藏于英国伦敦泰特美术馆

与他会面。次年，出版商罗伯特·卡德尔邀请透纳创作一些法国主题的作品，为司各特新版的20卷《散文集》（第一版于1827年出版）的封面和正文配图。该套书前九卷是《拿破仑的一生》，讲述了这位欧洲政治史上重要人物的生平，而透纳则负责描绘与拿破仑生平有关的地方。拿破仑跌宕起伏的一生早已吸引了不少作家和画家，他们塑造了众多不同的拿破仑形象，刻画了拿破仑复杂而饱受争议的多面个性。不过，透纳似乎志不在此，在他绘制的16幅插画中，仅有两幅尺寸较小的作品是描绘拿破仑的，其他都是风景画。透纳在这些描写风景的缘饰版画中加入了喻指拿破仑生涯变故的意象，如流星图案、新月等。为了配合书籍的排版，与透纳的其他法国主题画相比，这些作品尺幅更小、风格更鲜明，内容也更浓缩。

此外，德拉克洛瓦与透纳的画作在某些方面也有一些相似之处，如德拉克洛瓦的《列日主教谋杀案》就不禁让人联想到透纳的《乔治四世在爱丁堡议会的宴席上》，那是为纪念乔治四世国王访问爱丁堡而绘制的，巧合的是这场宴会的筹备人正是上文这位苏格兰诗人沃尔特·司各特……不少评论家认为，透纳对后辈德拉克洛瓦起到了毋庸置疑的影响。新印象派代表人物之一保罗·西涅克（1863年—1935年）曾写道："透纳对德拉克洛瓦的影响是无可争议的。法国大师德拉克洛瓦在1834年对透纳进行了深入研究。我在德拉克洛瓦身上看到的明度、色调及和谐感，与透纳如出一辙。"这种论断或许太过主观，但这两位迅速成名的画家的确很可能拥有一些共同的兴趣，远超过上文中德拉克洛瓦对透纳的肤浅认识。多年后（1858年），德拉克洛瓦承认，透纳与康斯特布尔同为"真正的改革者，他们能够摆脱风景画前辈的桎梏。我们这个画派及领域今天能涌现出如此多才华横溢的年轻人，都是因为有他们作为榜样"。

从泰晤士河岸到欧洲大陆：透纳，一位游牧式的艺术家

说回《法国河流》，透纳起初想要打破国家的界线，将其拓展为一个规模更宏大的项目，即《欧洲河流》。尽管透纳在沿默兹河和摩泽尔河沿岸绘制了众多佳作，但最终该项目还是以失败告终。不过，透纳借此积累了大量草图及速写，作为后续创作的素材。

　　1845年5月，年近70岁的透纳开始了最后一次欧洲之行，他先在滨海布洛涅逗留，秋天又去了迪耶普和皮卡第海岸。在《现代画家》第一卷（第三版，1846年）中，罗斯金尝试解释了透纳为何对法国会有一种特殊的情结："在透纳访问过的所有国家里，他最为法国的精神所折服：首先是因为他发现法国的景观与他的祖国非常相似；其次是因为整个法国蓬勃发展的思想，而这正是意大利和瑞士所缺乏的；最后是因为他在法国多样的水文和地形中找到了一种特别契合他独特风格的精神……"反过来，法国也回馈了透纳的热情，他的作品在法国深受喜爱。作家达优曾在《英国绘画史》（1908年）中写道："前所未见……从未有水彩画像透纳一般法式……他用灵巧且生动的笔触描绘了我们国家的如画风景。"

透纳的故事

《滑铁卢战场》
The Field of Waterloo

作于 1818 年，油画，147 厘米 ×239 厘米，现收藏于英国伦敦泰特美术馆

透纳在滑铁卢遗址完成了 17 幅习作。滑铁卢是拿破仑军队被普鲁士、俄国、奥地利和英国盟军大败（1815 年 6 月 18 日）的"大观台"。这幅富有历史意义的油画曾在皇家艺术学院展出，通过强烈的光影对比烘托战争的激烈。透纳在展览目录上为这幅画题诗时，首次引用了同样为滑铁卢遗址所深深震撼的拜伦勋爵的浪漫史诗《恰尔德·哈洛尔德游记》（第三章）。

比利时、荷兰、德国、奥地利帝国（1817 年—1841 年）

  1815 年 6 月 18 日，拿破仑一世在对阵普鲁士人、俄国人、奥地利人和英国人联盟的滑铁卢战役中战败，欧洲长达十多年的冲突就此告一段落。不过，透纳没有立即重返欧洲大陆，而是又等了两年才开始新的海外游历。本次游历从 1817 年八九月份开始，持续三个月。和从前一样，透纳事先收集了大量的资料（特别是《坎布尔旅行手册》），认真地规划了游历路线。这次，透纳直奔比利时，参观了布拉班特，特别是法国军队战败的滑铁卢战场，并专心致志地在滑铁卢画了 17 幅习作。离开具有重大意义的滑铁卢后，透纳乘马车前往列日，接着去了科隆。科隆是透纳在莱茵河的第一站。

从泰晤士河岸到欧洲大陆：透纳，一位游牧式的艺术家

自古以来，河流就是流通于各国之间的重要交通路线。莱茵河全长约 1320 千米，是世界上极其重要的内陆航道之一，也是连接北海和阿尔卑斯山独一无二的通道。莱茵河在经济和文化上扮演着重要角色。与透纳同时期的许多当代艺术家、作家及音乐家（如舒曼、瓦格纳），都纷纷用自己的作品向这条雄伟壮阔的河流致敬。可见，在追寻"崇高"或"如画"景观的旅者眼中，莱茵河独特的视野是无可替代的。1802 年，透纳曾在莱茵河畔（在康斯坦茨湖和巴塞尔之间）短暂停留，但直到 1817 年的这次旅行，透纳才有更多时间细细观赏两岸千娇百媚的风光，各式城堡矗立在陡峭的山顶，俯瞰两岸大大小小、鳞次栉比的房屋，沿途不乏一些新近修缮的道路和景观。

透纳的故事

速写本中描绘默兹河和摩泽尔河的对页节选
Deux pages du carnet Rivières Meuse et Moselle
作于 1826 年，铅笔速写，每页 11.7 厘米 ×7.7 厘米，现收藏于英国伦敦泰特美术馆

透纳记录了很多莱茵河支流上的桥梁（既有浮桥，也有飞桥）。为了加强记忆，透纳通常会在速写本上绘制草图，偶尔还会添加一些潦草的文字标注。

透纳从德国科隆出发，沿着莱茵河西岸新修的拿破仑之路一路走到了科布伦茨的波恩，又去了美因茨。从历史悠久的大城市到规模极小的市镇（如雷马根、哈默斯坦、安德纳赫，以及在 1841 年众多习作中出现过的埃伦布赖特斯坦、马克思堡、洛雷莱、洛奇等），透纳关注的地区不一而同。他流连其间，尽情地感受莱茵河的美景。当时，莱茵河畔的大部分地区还属于乡村，纵观两岸可以看到不少工艺精湛的城堡。接着，透纳来到了下一站荷兰（他曾于 1825 年和 1840 年重游荷兰）。1817 年 10 月旅程结束后，透纳的赞助人和朋友沃尔特·福克斯买下了透纳的 51 幅莱茵河水彩画，而诸如斯威本家族等其他收藏家则更喜爱透纳的油画作品。世人一度认为这些油画都是透纳在莱茵河畔现场完成的。然而，实际上，透纳只在现场完成了铅笔速写，所有的彩色作品都是透纳回到画室后根据记忆及速写本中记录的地形细节创作出来的。该系列画作的另一大特色是，比起莱茵河本身，透纳更注重对河岸的描写。七年后（1824 年夏），透纳动笔创作了许多描绘莱茵河两条主要支流（默兹河和摩泽尔河）的作品，很有可能是在为《欧洲河流》项目做准备。

《多特或多德雷赫特：风平浪静的一天，多特的邮轮从鹿特丹出发》
Dort ou Dordrecht: le bateau de poste de Dort en provenance de Rotterdam par temps calme
作于 1817 年—1818 年，布面油画，157 厘米 ×237 厘米，现收藏于美国纽黑文耶鲁大学英国艺术中心

1817 年夏天，透纳从荷兰回到英国后，才动笔创作这幅宏大的全景图。游历期间积累的速写成了绝佳的创作素材。画中较低的视角、占据大部分画面的广阔天空、节制而对比鲜明的用色、流畅的笔触、别具一格的帆船和建筑、繁忙的海港……都让人不禁联想到荷兰大师的名作，特别是阿尔伯特·奎普（1620 年—1691 年）的《多德雷赫特风景画》（约 1655 年）。

透纳的故事

《夜晚，渡轮抵达科隆》
Cologne, l'arrivée de la malle, le soir

作于 1826 年，油画（可能也用到了水彩），168.6 厘米 ×224 厘米，现收藏于美国纽约弗里克收藏馆

在这幅画中，透纳对莱茵河两岸及科隆的地标建筑（如华美的哥特式大教堂）只是一笔带过，并没有花费过多的笔墨，而是将全部精力集中在了表现德国尤其是荷兰的奇妙光影上。极低的视角、映照在水中的金色天空以及清晰写实的画风，都体现了透纳对 17 世纪荷兰和弗兰芒绘画大师的崇拜之情。

这次，透纳先是从英国乘船抵达法国的港口城市加来，然后越过加来海峡及比利时的法兰德斯，来到位于莱茵河支流默兹河畔的列日。长期以来，人们都忽略了默兹河的美，直到浪漫诗人威廉·华兹华斯（1770 年—1850 年）成为默兹河的使者。华兹华斯于 1820 年完成默兹河之旅，并创作了一系列歌颂默兹河的诗歌，引发了世人对默兹河的向往。和华兹华斯一样，透纳也十分喜爱默兹河畔的茂盛林木，他逆流而上，从休伊向那慕尔方向进发。起初，透纳乘坐一条由马牵拉的船游河，后来，除了几段步行，他的大部分旅程都是乘船完成的。透纳从迪南（瓦隆）穿过法国边境，进入吉维特，经过富美、梅济耶尔、塞丹和凡尔登，接着乘马车前往摩泽尔河畔的梅斯。水流平缓的摩泽尔河是中莱茵的重要支流，潺潺流水及两岸蜿蜒而低矮的山丘美不胜收，令人流连忘返。在比利时和卢森堡地区的所见所感让透纳才思泉涌，创作出了大量的速写，要知道他在法国度过的六天（8 月 19 日—25 日）中只产出了寥寥几幅速写。

随后，透纳离开摩泽尔河，前往卢森堡（1839 年，透纳重返卢森堡，在卢森堡进行了更多的创作），并在德国的特里尔与摩泽尔河再次邂逅。透纳游荡在蜿蜒曲折的河流上，着迷于诺伊马根和科赫姆之间河岸上那引人注目、硕果累累的葡萄园，以及那些盘踞在丘陵（高出河床 100 多米）之上的哥特式城堡。透纳用一本专用的速写本来记录前往科布伦茨的这段路程（45 千米）以及该路线与莱茵河交汇处的沿途风光。他乘船去往科隆，途经列日、布鲁塞尔和根特，然后返回加来，横穿 70 千米抵达奥斯坦德后再次折向西边（敦刻尔克、加来、迪耶普、阿比维尔），接着重新驶向法国的多佛尔港。从列日到加来途中，透纳只完成了几张非常潦草、如今几乎难以辨认的速写。

从泰晤士河岸到欧洲大陆：透纳，一位游牧式的艺术家

  1825 年在荷兰度过的漫漫夏日并没有激发透纳创作出任何描写大船的作品,相反在莱茵河上的短暂停留激发他创作出了《夜晚,渡轮抵达科隆》。该画作于 1826 年在皇家艺术学院展出,不过这幅画仅以一种象征性的手法描绘河岸的风景,并没有刻画科隆别具一格的建筑(如著名的哥特式大教堂)。实际上,透纳的注意力似乎更集中于描绘他在德国及荷兰(北欧)感受到的奇特光影,表现出科隆光线的流动性和透明性。在透纳致父亲的一封信中,他提醒父亲不要弄湿画布,因为"所有颜料都会消失",这暗示他可能用了一种独特的方式将水彩与油画结合起来。此外,这幅画也体现了透纳对 17 世纪荷兰和弗兰芒大师的钦佩之情。

透纳的故事

在 19 世纪 30 年代的默兹河、摩泽尔河和莱茵河之旅中，透纳逐渐远离河岸，转而探索内陆和城市生活。相较于透纳 1824 年绘制的铅笔速写，透纳这次尝试了更多不同的媒材，如水粉颜料、水彩颜料等。这些画作的确切创作日期和描绘地点无从考证，但它们都采用黄色作为唯一的主色，间或添加少许红色、绿色和蓝色，并用白色提亮或表示高光。为了使画作的整体效果看起来更加协调美观，透纳通常会选用灰色或蓝色的画纸。大部分情况下，透纳只是通过色彩对比来表现景物，不过偶尔为了精确地刻画地形和建筑的细节，他也会用线条来勾勒轮廓。

　　19 世纪三四十年代，透纳多次游历德国各州（分别在 1833 年、1835 年、1839 年、1840 年和 1841 年游历海德堡、德累斯顿、纽伦堡、法兰克福、汉堡、维尔茨堡）及奥地利帝国（分别于 1833 年和 1835 年游历萨尔茨堡和维也纳），并短暂入境丹麦（1835 年游历哥本哈根）和捷克（1835 年游历布拉格）。虽然无法确定这些旅程的具体时间和地点，但借助透纳的速写本，我们可以大略复原他的路线。不过，众所周知，19 世纪上半叶随着地缘政治格局的历史演变，欧洲各国的边界发生了重大的变化，想要区分绝非易事（甚至可以说是徒劳），再加上透纳画作

《瓦尔哈拉神殿的开放》
The Opening of the Wallhalla

作于 1842 年—1843 年，木上油画，112.7 厘米 ×200.7 厘米，现收藏于英国伦敦泰特美术馆

1842 年，瓦尔哈拉神殿落成后，透纳以这座俯瞰多瑙河的神殿为题材创作了多幅速写。1843 年，透纳以众多速写为基础创作了这幅油画，并将其提交给皇家艺术学院展出。在展览目录上，透纳引用了《希望的谬误》中的诗句，最后两句是"和平重生了，晨光照亮了为科学和艺术而诞生的瓦尔哈拉以及德国的伟人"。

中出现的大部分城市只是他通往其他目的地的途经地，如从奥地利返回德国途中，透纳曾在雷根斯堡的下游短暂停留，并描绘了瓦尔哈拉神殿。瓦尔哈拉神殿是一座纪念德国历史伟人的陶立克柱式巨型庙宇，令透纳印象深刻，于是透纳以此为灵感先后创作了 23 幅速写及油画。这些画作的风格十分相近，没有太大的差异，很可能是同一时期创作的。

  透纳在莱茵河之旅中绘制的许多作品都被翻刻成版画，成了名著的配图，如《拜伦勋爵的生平和作品》、沃尔特·司各特的《散文集》等，这大大提升了透纳在国际上的声誉。回顾透纳在创作生涯最后十年完成的这些作品，我们可以清晰地感受到透纳对光影效果的重视，这种重视甚至跃居画作精准度之上，而这一倾向将在后续的瑞士水彩画中体现得更为明显。

意大利（1819 年—1840 年）

  1802 年，透纳短暂经停当时还属于法国的瓦莱达奥斯塔区（现属意大利），直到 1819 年 8 月，他才真正踏上意大利的土地。根据欧洲由来已久的壮游传统，意大利是罗马的圣地，而雷诺兹则认为，意大利本身就是一所学院。

  与之前一样，透纳为旅程做了精心的筹备。他查阅地图和指南，尤其参阅了史密斯、伯恩和埃姆斯共同创作的《意大利精选风景画》（1792 年—1796 年），并临摹了书中至少 24 个地点的版画，准备一一参观，将自己的行程排得满满当当。1819 年 8 月初，透纳抵达欧洲大陆，迅速穿过法国来到塞尼斯山。塞尼斯山是意大利的自然边界，透纳将花整整四个月来探索这个国家，他主要游历了都灵、米兰、科莫、维罗纳、威尼斯、佛罗伦萨、罗马、那不勒斯、索伦托和帕埃斯图姆。1820 年 2 月 1 日，透纳结束旅程，返回伦敦。

从泰晤士河岸到欧洲大陆：透纳，一位游牧式的艺术家

《科莫湖风景》
Vue du lac de Côme

作于 1819 年，水彩画，22.4 厘米 ×28.7 厘米，现收藏于英国伦敦大英博物馆

透纳巧妙地运用了水彩透明、流动的特性，以柔和的笔触营造出一种特别宁静的氛围。

　　透纳动身前往意大利半岛之前，心中对意大利已有大体印象。许多画家，尤其是名家都描摹过意大利的风景和历史古迹。早在 1794 年，透纳常常造访门罗画室时，他就曾临摹科曾斯父子的意大利风景画，如《卡波堤蒙特的修道院》《卡辛山的风景》等。后来，透纳又从私人或公共收藏中接触到了很多意大利主题的画作，并以此为灵感创作了一系列相关作品。此外，透纳还常在速写本中临摹意大利文艺复兴时期大师的名作，这些大师包括米开朗琪罗、威尼斯学派主要发起人提香、巴洛克画家多梅尼科（1581 年—1641 年），以及一些晚近的艺术家，如著名的雕刻家、建筑师和画家皮拉奈奇（1720 年—1778 年）……

　　1816 年，透纳为版画集《意大利的如画之旅》（于 1820 年出版）创作了若干水彩画。该书主要收纳了建筑师詹姆斯·海克威尔（1788 年—1843 年）的画作。透纳对意大利的印象有很大一部分源自克劳德·洛兰的画作，1818 年，透纳根据这些印象创作了风景画《蒂沃丽花园》。

　　1819 年，透纳一踏入意大利半岛，便联想到了洛兰的作品，这一点可以在他的第一本速写本中找到很多佐证，如"克劳德作品第一部分"（画册《从安科纳到罗马》第 6 页）和"克劳德的灰色城堡"（画册《提沃利和罗马》第 41 页）。与洛兰一样，透纳偶尔会将失落的古代文明遗址与象征现代世界的意象结合在一起。这种联系引发了一种诗意的呼应，对后来几十年透纳创作的"现代罗马"系列产生了深远的影响。然而，在游览了洛兰的灵感源泉——罗马乡村后，透纳发现现实与洛兰笔下的意大利大相径庭。或许也正是因为现实与想象之间的巨大差异，透纳才得以在短时间内创作出了整整 24 本个人风格鲜明的速写本（包含 2000 多幅画）。

这批数量惊人、令人印象深刻的画作是透纳首次意大利之旅的一大成果,证明了透纳的创作热情。如今,透纳终于有机会亲眼看到各国名家画中的意大利风光,这些名家的创作灵感有的也来自前辈,有的则来自亲身体验。在意大利期间,为了记录下眼前的迷人风光,透纳用铅笔、墨水和水彩颜料绘制了大量的速写。

　　除了这批速写,我们还在透纳的画室中找到了一些满是涂鸦、线条及阴影的画纸。画纸的大小、品质各不相同,因此这绝非美术院校的课程要求,而是透纳自己的追求。这一追求在这次意大利之旅中愈加强烈,即追求真实景物与他内心感受到的、更主观的印象之间的和谐。

　　奇怪的是,透纳在遍览了波普平原、阿布鲁佐山地、地中海沿岸、亚得里亚海沿岸等不同地形的美丽风光,参观了意大利(边境冲突不断)历史上重要的名胜古迹之后,尽管在速写本中积累了大量素材,但并没创作出很多"野心勃勃"的作品。

从泰晤士河岸到欧洲大陆:透纳,一位游牧式的艺术家

《拉斐尔在福尔娜瑞娜的陪伴下准备装饰门廊的画作》
Raphaël accompagné de la Fornarina prépare ses tableaux pour la décoration de la Loggia
作于 1820 年，油画，177 厘米 ×335 厘米，现收藏于英国伦敦泰特美术馆

这幅画创作于文艺复兴大师拉斐尔逝世 300 周年之际，并与同年展出。透纳陆续创作了一批画作，向自己特别敬佩的各位绘画泰斗致敬，如《鲁伊斯达尔港》（1827 年或 1844 年）、《伦勃朗的女儿》（1827 年）、《按照杜·弗雷斯诺法则所作的华多人物习作》（1831 年）、《威尼斯：叹息桥、总督府邸和海关，卡纳莱托作品》（1833 年）、《凡·戈因思索题材》（1833 年）等。

在透纳回国后（1820 年和 1821 年）完成的几幅更精美的水彩画中，他采用了更明亮的色调，大部分是浅色系（黄色、粉色和蓝色）。罗伯特·亨特在《评论家》杂志（1822 年 2 月 3 日）上对这些水彩画赞不绝口："画中四射的、清澈的、柔和的光线穿透人心、充满魅力。透纳巧妙地利用色彩创造出这一效果，营造出恰到好处的光影效果。各景物间没有生硬的轮廓，仿佛通过一种妙不可言的光线融为一体，并与观众产生了某种奇妙的共鸣……我从未见过这样的画作，画家在小小的画面（几平方厘米）中发挥了巨大的才能。"在亲眼观摩了许多意大利大师的名作后，透纳更坚定了这一用色习惯，并以此来表现明亮地中海光线下独特的融合感和透明感。在拉斐尔逝世 300 周年之际，透纳创作了《拉斐尔在福尔娜瑞娜的陪伴下准备装饰门廊的画作》，向这位文艺复兴时期的大师致敬。画家将拉斐尔及其为梵蒂冈宫殿创作的宏伟壁画放置于宏大的宫殿中，透过门廊，梵蒂冈和亚平宁雪峰的壮丽景色一览无遗。从意大利返回伦敦后，透纳在皇家艺术学院展出了这幅作品。然而，这幅精心绘制的大型油画并未产生预期的反响。与此同时，透纳还在皇家艺术学院展出了另两幅作品：《贝亚湾，阿波罗与女先知》和《罗马广场》（1826 年），展现了他此番意大利之旅的收获。

《贝亚湾，阿波罗与女先知》
The Bay of Baiae, with Apollo and the Sibyl
于 1823 年展出，布面油画，145.4 厘米 ×237.5 厘米，现收藏于英国伦敦泰特美术馆

这幅油画是透纳从意大利返回英国后完成的。画中，透纳尝试以轻盈的笔触和微妙的色调来描绘欧洲南部的光线，同时再次表明了自己对洛兰的钦佩之情。画作描绘了奥维德《变形记》中的神话故事，并以意大利那不勒斯的贝亚湾为背景，海湾周围是光秃秃的山，前景中有两棵大树。

    罗斯金认为，画作《贝亚湾，阿波罗与女先知》表现了透纳的三个突出转变："一是用彩色代替灰色，二是用精细取代力量，三是用众人代替主体。"在这幅画中，神话人物阿波罗和女先知置身于地中海风景中（松树、贫瘠的山），让人不禁想到古罗马创世史诗《变形记》中的场景。前景采用偏暖的赭色，与上半部分的蓝色和绿色形成了有趣的对比，但并不会过于强烈，破坏画作原有的韵味。这幅画虽然是油画，却拥有水彩画般的流动性。纯色的使用是这幅画的一大亮点，也是透纳这一时期标志性的表现手法。

    而在另一幅参展作品《罗马广场》中，透纳的表现手法更加诗意且抽象，故而也引发了更多的争议和批评。画中强烈的光感消融了圣道[13]的轮廓，似乎暗喻了曾经辉煌的历史已经不复存在。对此，《英国报》毫不留情地批判道："尽管透纳这幅画表现出胜过当代所有艺术家的创造性，将风景提炼成几乎纯粹的诗意，但他已经失去了本身的特质，变得可恶可憎，看他的画成了一种折磨。"这些批评（包括此前几次）可能导致透纳的建筑师朋友约翰·索恩放弃了为自己的画廊订购这幅作品的打算。不管怎样，从评论界激烈的反应可见透纳 1828 年重游罗马后画风发生了重大转变。

《罗马广场》
Le Forum romain

作于 1826 年，油画，145.7 厘米 ×236.2 厘米，现收藏于英国伦敦泰特美术馆

这幅画原本是透纳为建筑师约翰·索恩爵士绘制的。一名评论家看到后在《英国报》（1826 年 4 月 30 日）上不屑地写道："尽管透纳这幅画表现出胜过当代所有艺术家的创造性，将风景提炼成几乎纯粹的诗意，但他已经失去了本身的特质，变得可恶可憎，看他的画成了一种折磨。"

13　译者按：圣道是古罗马的主街道，从卡比托利欧山山顶，经过古罗马广场的一些最重要的宗教遗迹（这里是最宽的一段），到达罗马斗兽场。

透纳的故事

《威尼斯：里亚托》
Venise : le Rialto
作于 1820 年，水彩和水粉画，28.6 厘米 ×41.3 厘米，现收藏于美国印第安纳波利斯艺术博物馆，由科特·F. 潘泽捐赠

　　在第一次意大利之旅中，透纳就被威尼斯深深地吸引，这里的泻湖激发众多艺术家创作了无数震撼人心的作品。同一时期游历威尼斯的拜伦勋爵在《恰尔德·哈洛尔德游记》中写道："它的宫殿在岸上化为尘土。今天的音乐不再令人们侧耳倾听，那些日子已经过去，但美仍然存在；帝国覆灭，艺术消逝，唯自然永存。"尽管透纳几次游览威尼斯共和国时（分别是 1819 年、1833 年、1835 年和 1840 年），威尼斯的魅力已不如大师辈出（如卡纳莱托和瓜尔迪）的年代，但还是激发透纳创作出了多幅水彩画。透纳巧用水彩的流动性，以明亮的色彩和细腻的笔触还原了威尼斯雄伟复古的建筑，诗意地描绘出了威尼斯的一大特色——水波激滟的泻湖。部分水彩画中（至今难以确定具体的创作日期）仅有几道简单的平行色带，辅以画纸本身的白色或灰色（留白），让人不禁联想到威尼斯的独特光影。光线在石和水之间不停地游弋、闪烁，营造出威尼斯独特而奇妙的意境。这些不同寻常的作品以极其简化的手法将威尼斯的魔力展现得淋漓尽致。

从泰晤士河岸到欧洲大陆：透纳，一位游牧式的艺术家

《太阳初升时，从朱代卡岛往东眺望看到的威尼斯》
Venise vue de la Giudecca en regardant vers l'est, soleil levant
作于 1819 年，水彩画，22.2 厘米 ×28.7 厘米，现收藏于英国伦敦大英博物馆

　　和往常一样，透纳也曾为"威尼斯"系列画作题诗。如果将这些诗句与罗斯金的《威尼斯的石头》（从透纳去世那年开始创作，于 1853 年完稿）进行对照，我们会发现一些非常有趣的迹象。两人都非常了解亚得里亚海港，都曾于 19 世纪 30 年代初在此居住（透纳是在 1833 年，而罗斯金是在 1835 年，当时罗斯金年仅 16 岁）。罗斯金认为，威尼斯的伟大艺术和建筑固然引人入胜，但这个曾达到辉煌顶峰又突然崩塌的"城市天堂"与英国一样，现在笼罩在衰败的阴影中。而透纳身上似乎并不存在这种怀旧情结，他专注于捕捉色彩的光辉，以前所未有的自由形式重新诠释这座美丽的水城……

《威尼斯：欧罗巴酒店里的艺术家的房间》
Venise: La Chambre de l'artiste à l'hôtel Europa
作于 1833 年或 1840 年，灰纸上水粉和水彩画，22.7 厘米 ×30 厘米，现收藏于英国伦敦泰特美术馆

这幅彩色习作的具体创作时间无从考证，但我们知道透纳最后一次在威尼斯停留是 1840 年，他在威尼斯及周边地区游历，以不同的视角进行写生。透纳是较早进行户外水彩写生的画家之一，他巧妙地利用水彩的特性创作出了一幅幅和谐的作品。

《威尼斯：新月——从欧罗巴酒店看到的拉多加娜》
Venise: la nouvelle lune – La Dogana vue de l'hôtel Europa

作于 1840 年，白纸上的水彩画，21.8 厘米 ×29.6 厘米，现收藏于英国伦敦大英博物馆

在这一时期，透纳的画技已经被磨炼得炉火纯青。他有意识地利用画纸的不同颜色、质地和纹理，以及水彩颜料的不同稀释程度，创造出了令人惊艳的视觉效果。

《安康圣母教堂旁的大运河》
Le Grand Canal avec la Salute
作于 1818 年,水彩画,14 厘米 ×21.5 厘米,私人收藏

    在 1826 年的第二次罗马之行前,透纳接受委托,为新版的叙事诗《意大利》绘制 25 幅水彩画。《意大利》是银行家、收藏家和诗人塞缪尔·罗杰斯(1763 年—1855 年)的长篇叙事诗,此前已出版过两次(1822 年匿名出版和 1828 年实名出版),但并未获得预期的成功。于是,罗杰斯对文字重新推敲润色,并邀请了几位艺术家为自己的诗句配图,透纳便是其中之一。他美妙灵动的水彩画不仅与诗句的意境相呼应,还展现了无数诗意的画面:既有他游历过的地方(如帕埃斯图姆、那不勒斯、佛罗伦萨),也有经典的历史场景(如汉尼拔穿越阿尔卑斯山、马伦戈战役),抑或是简单地描绘月光照映下的迷人夜景。最终的成书(1830 年)中收纳了不少透纳的精美画作,广受好评。罗斯金曾说,《意大利》"使我找到了人生的方向"。该书共印发了 6000 多册,无论是诗人罗杰斯,还是为此书绘制插画的艺术家,如透纳、托马斯·斯托达(1755 年—1834 年)和塞缪尔·普鲁特(1783 年—1852 年),均获得了可观的收入,并因此声名鹊起。后来,罗杰斯又再度邀请透纳为其《诗集》(1834 年)绘制插画。

从泰晤士河岸到欧洲大陆:透纳,一位游牧式的艺术家

《静谧的时光》
Datur Hora quiet
作于约 1832 年，约 9.6 厘米 ×13 厘米，现收藏于英国伦敦泰特美术馆

这幅画是透纳为塞缪尔·罗杰斯的叙事诗《意大利》创作的。罗斯金回忆起自己看到这些插画时内心的悸动："1832 年 2 月 8 日是我 18 岁生日，父亲的合伙人亨利·特尔福德先生送了我一本罗杰斯的《意大利》，我从此找到了人生的方向……从见到透纳版画的第一眼起，我便为此深深折服。"

透纳的故事

这一次，透纳仍没有按原定行程游历，本该抵达罗马的时候，他人却还在巴黎。1828年8月23日，在给画家查尔斯·伊斯特莱克（自1816年起定居罗马）的信中，透纳写道："我总算离开了伦敦，但我必须对您说声对不起，因为未能在约定时间来罗马找您……很抱歉，我还有一事相求，那就是……我抵达前，请您帮我准备一些优质的颜料及两块2.5米×1.5米的画布，您知道，此番在罗马，除了完成埃格雷蒙特阁下的委托……我最大的乐趣就是用我在罗马完成的第一幅画虔诚地向克劳德·洛兰前辈致敬……请原谅我劳烦您采购这些必要的工具。不必过于在意细节，比如画架对我来说就没什么差别……"

从泰晤士河岸到欧洲大陆：透纳，一位游牧式的艺术家

《帕莱斯特里那》
Palestrina

作于 1828 年，于 1830 年展出，布面油画，140.3 厘米 ×248 厘米（带框：15.86 厘米 ×268 厘米 ×9 厘米），现收藏于英国伦敦泰特美术馆

这是透纳在第二次意大利半岛之旅中完成的第一幅画（受埃格里蒙特勋爵委托），其中还可以看见洛兰风景画的影子。

  在此番第二次意大利之旅中，透纳又创作了几幅带有洛兰影子的新作，如《帕莱斯特里那》《奥尔维耶托》《雷古鲁斯》，再次证明了在透纳眼中洛兰与意大利之间密不可分的关系。在抵达罗马古城后，透纳先创作了《帕莱斯特里那》。帕莱斯特里那，旧称帕拉内斯特，位于罗马附近，是一个充满魅力的小镇，曾出现在诗人维吉尔和贺拉斯的作品中。接着，透纳又创作了《奥尔维耶托》。画作以这座建于巨石之上的古城为背景，古城的轮廓几乎消融于强烈的阳光中，前景中的妇女正在安静地做着家务，整幅画充满了戏剧性。

  透纳的另一幅作品《雷古鲁斯》也延续了这种戏剧张力，整个画面被强烈的日光一分为二，一侧是建筑，一侧是船舶。为加强画面效果，透纳还缩小了某些景物的尺寸。《雷古鲁斯》是透纳最后几幅借鉴洛兰海港画风格的作品，灵感源自他曾在乌菲兹美术馆瞻仰过的洛兰名作《海港和美第奇家族别墅》（1638 年）。关于《雷古鲁斯》还有一些趣闻轶事，1828 年在罗马创作了这幅画后，透纳又在 1837 年皇家艺术学院展览开幕期间对它进行了二次润色。时年 20 岁的画家约翰·吉尔伯特回忆道："（透纳）那天一大早就到了。他先对作品的状态进行评估，然后在

《雷古鲁斯》
Regulus

作于 1828 年（1837 年润色），布面油画，91 厘米 ×124 厘米，现收藏于英国伦敦泰特美术馆

有评论家指出："画中的一切都令人头晕目眩、心烦意乱。"在皇家艺术学院展览开幕期间（1837 年），透纳对作品进行了不少改动，但他仍保留了画中似乎使景物轮廓融化的强烈光线。这幅画中的强光其实喻指罗马将领雷古鲁斯的失明。雷古鲁斯为捍卫祖国的荣誉而饱经磨难，在酷刑中被割掉了眼皮，最终被折磨致死。

展厅待了整整一天。他心无旁骛，全身心地投入画作中，在整块画布上大肆添加白色颜料。这幅画的创作灵感来自洛兰，描绘了一个海湾或港口，两侧矗立着一些充满历史感的建筑，中间是一轮太阳。整幅画充斥着黄色和红色，没有一处景物不在燃烧。透纳的调色板很大，但他并没有用很多颜色，只是用两三支大笔刷将铅白涂在所有的留白处。完成后，透纳就收笔了，仅此而已。在刻画中心的太阳时，透纳借助尺子用力地划线，呈现出太阳的万丈光芒，以引导观众的视线。渐渐地，效果越来越惊艳。耀眼的阳光仿佛吸收了周围的一切，所有景物都蒙上了一层发光的薄雾。我从侧面观察这幅画，看到太阳变成了一块白色的隆起，就像是一块盾牌。"毋庸置疑，光成了《雷古鲁斯》的一大特色，不过，这种强烈的光感却使透纳与偶像洛兰渐行渐远。《旁观者》杂志写道："透纳与洛兰背道而驰。这幅画丝毫没有展示意大利的美感、安详的宁静及柔和的光线，画中的一切都令人头晕目眩、心烦意乱。"实际上，透纳的修改并非心血来潮，而是为了更好地诠释画作的主题。画作取材于一段历史传奇，当时罗马的军事领袖雷古鲁斯（公元前 3 世纪）

不幸被迦太基人囚禁,但雷古鲁斯断然拒绝了和谈的要求,并因此被施以种种酷刑,包括割下眼皮,强迫他直视阳光。除了历史传奇,透纳还试图在画中加入浪漫主义的元素:画中景物的轮廓消融于强光之中,看起来支离破碎,甚至有些不完整;长短不一的笔触则表现出了光色的颤动闪烁。《雷古鲁斯》从诞生到润色并最终完成经历了整整九年,其间透纳的画风离洛兰越来越远。不过,从透纳1850年最后一次参加皇家艺术学院展览的作品《舰队启航》来看,透纳对洛兰和迦太基题材的热情和关注并没有就此消减。

透纳的故事

《美狄亚的愿景》
Médée
作于 1828 年，油画，173.7 厘米 ×248.9 厘米，现收藏于英国伦敦泰特美术馆

这幅画描绘了希腊神话中的女巫美狄亚（其身体在画中被放大了两倍），呈现出了一幕充满戏剧性的场景，让人不禁联想到博洛涅塞·吉多·雷尼（1575 年—1642 年）等意大利巴洛克大师的作品。

透纳在罗马代表性的巴洛克建筑四喷泉圣卡罗教堂中首次展出了本次意大利之旅的成果，其中还有油画《美狄亚[14]的愿景》。《美狄亚的愿景》表现了某种情欲，画中人要么裸露身体，要么仅披着轻薄的外衣。画中美狄亚的体型是其他人物的两倍，这种充满戏剧性的奇特场景让人不禁联想到 16 世纪末的意大利巴洛克画家圭多·雷尼（1575 年—1642 年）。伊斯特莱克回忆了当时展览的盛况："透纳的展览吸引了超过 1000 名观众。当不同流派的画家见识到透纳新颖、大胆却令人惊艳的画作时，他们有的震惊，有的愤怒，也有的欢欣雀跃。我觉得人们听到最多的声音还是对透纳的尖锐批评，这些声音大多出自严肃的学院派；不过也有不少人为透纳辩护，表示对他的欣赏和钦佩之情，毕竟透纳的画作可不是谁都敢轻易模仿的……透纳打包画作的方式体现了透纳的节俭和率真：起初他只是简单地在箱子外捆上了黄色的绳子，便准备寄回英国。我看到后建议他在箱子上盖一层油蜡布，以免雨水打湿画作。透纳对我的建议表示感谢，并称'如果画布弄湿了，画可就毁了'，因为透纳的部分画作使用了不防水的蛋彩画颜料。"画作运抵伦敦时的状态无从考证，不过《奥尔维耶托》出现在了 1830 年皇家艺术学院的展览上。七年后，透纳又向皇家艺术学院提交了《雷古鲁斯》并在开幕期间对画作进行了润色。

本次意大利之旅也是透纳最后一次踏足罗马这座"永恒之城"。在 1829 年 1 月的速写本中，透纳写道："再一次告别，我梦中自由幻想及渴望的幸福国度……"1829 年透纳的父亲离世，这让透纳的心情跌落谷底，停下了自己游历的步伐，也推迟了他后续的旅程。后来，透纳曾几次重游威尼斯［分别是 1833 年（推算）、1835 年和 1840 年］。

意大利半岛的各处景观有着独特的魅力，是历史与现代的完美融合，因而这片土地成了透纳画作中的理想背景。透纳在意大利巩固了自身的风格，他既吸收了洛兰等前辈大师的丰富经验，又保留了个人特色：如生动的色彩、对地中海地区光线的细腻呈现、别具一格的笔法等。

14 译者按：美狄亚是希腊神话中的人物。岛国科尔喀斯的公主，伊阿宋（及埃勾斯）的妻子，也是神通广大的女巫。

透纳的故事

《威尼斯大运河》
The Grand Canal, Venice
布面油画，148 厘米 ×110.5 厘米，现收藏于美国加利福尼亚州汉庭顿博物馆（由艺术馆、图书馆和植物园三部分组成）

在职业生涯的晚期，尽管透纳已经拥有多年的经验和积累，但他从未松懈，仍继续坚持不停地画速写。据后辈威廉·普赖斯[15]回忆，他曾看到透纳"在科莫湖上……作画。透纳手里拿着一本约 13—19 平方厘米的小本子，画笔如飞，连续画了很多山、水、树等不同景物的组合。他一共完成了 20 组（甚至更多），大概花了一个半小时"。当时，摄影技术还处在起步阶段，但透纳似乎已经对这项技术有了先见之明。在速写时，透纳会像相机一样将大自然某个视角下独特、奇妙的风景定格在画纸上。长期以来的速写练习培养了透纳的观察能力，让他能始终以全新的眼光来观察自然光下不断变化的景物，同时也为透纳积累了大量宝贵的创作素材。但透纳并未止步于此，他还会对这些素材进行关联、并置、叠加和组合，以此来不断激发自己的想象力，从而创作出源源不断的佳作。从透纳意大利时期的速写本中，我们不仅能看到画家对古代历史遗址（过去辉煌历史的诗意见证）的关注，还见证了透纳逐渐摆脱前辈影响、形成自己独特风格的过程。

从泰晤士河岸到欧洲大陆：透纳，一位游牧式的艺术家

15　威廉·普赖斯（约 1810 年—1895 年），起初是水彩画家，后成了一位优秀的摄影师。

透纳的故事

《阿尔卑斯山雪崩》
Avalanche dans les Alpes
菲利普·詹姆斯·德·劳瑟博格,作于 1803 年,布面油画,109.9 厘米 ×160 厘米,现收藏于英国伦敦泰特美术馆

在 1802 年的欧洲之旅中,透纳并未见到雪崩的场景,因此其有关雪崩的画作很可能参考了劳瑟博格(1740 年—1812 年)的这幅油画。这幅油画曾于 1804 年在皇家艺术学院展出,而且透纳的两位赞助人埃格里蒙特勋爵和约翰·弗莱明爵士都藏有该画的版画版。透纳与许多同时代人一样,都十分欣赏这位阿尔萨斯艺术家的海景画及"崇高"主题的风景画。劳瑟博格自 1771 年开始在英国定居,并于 1781 年当选为皇家艺术学院院士。

瑞士(1802 年—1844 年)

阿尔卑斯山脉、白雪皑皑的高峰、此起彼伏的山峦……瑞士群山环绕间雄壮宏伟、天然去雕饰的美景对透纳及许多同时代的艺术家具有极大的吸引力。此外,瑞士因近代革命建立起来的民主形象更是令众多旅者梦绕魂牵。

早在透纳第一次离开英国旅行(1802 年夏)时,他就曾穿越奥斯塔山谷,经由大圣贝纳尔山口进入瑞士的瓦莱州。在瓦莱州的老城马蒂尼,透纳描绘了风景如画的巴蒂亚兹城堡(建于 13 世纪,俯瞰罗纳河与德兰斯河交汇处的城市)。离开马蒂尼后,透纳继续沿勒曼湖右岸行进,越过沃州(维伦纽夫、西庸、沃韦),其间在该州的首府洛桑短暂停留。然后,透纳来到瑞士中原地区和图恩湖的山间草场,挺进伯尔尼高地的山脉。最后,透纳游历了一些地形更为平坦的地区,如布里恩茨湖和琉森湖,在福里埃伦结束了首次瑞士之旅。

从泰晤士河岸到欧洲大陆:透纳,一位游牧式的艺术家

《格劳宾登州的雪崩：木屋在雪崩中被摧毁》
Avalanche dans les Grisons-Chalet détruit par une avalanche
作于 1810 年，布面油画，90 厘米 ×120 厘米，现收藏于英国伦敦泰特美术馆

自然灾难是透纳的常用题材，他非常喜欢通过描绘大自然的伟力来反衬人类的渺小。1808 年 12 月，阿尔卑斯山格劳宾登州发生雪崩时，透纳并不在瑞士境内，但他或许对此有所耳闻，这场雪崩共掩埋了 24 个人、355 头牛，还有好几间房屋和谷仓。这幅画的灵感很可能源自汤姆森作品《四季》中对这场雪崩的描述。

透纳的故事

这次旅程加深了透纳对高低起伏的自然景观的迷恋。从速写来看，比起威尔士，透纳显然更青睐瑞士。他喜欢描绘陡峭的山峦，渲染大自然的宏伟气势。在旅程中如果遇到路况太差或根本没有路的情况，透纳就会像其他旅者一样放弃马车，步行或乘驴车继续行进。在如此艰苦的条件下，透纳完成了约2300千米的路程。这远远超过了透纳的原定路程：为了能遍览中原地区、福里埃伦、圣哥达、沙夫豪森瀑布等地的美景，透纳不惜绕了很长一段路。在整段瑞士之旅中，这位年轻的画家从未退缩，始终充满激情，热切期待亲身探索这些地貌奇特、景观宏伟的地区。

　　通过透纳在现场创作的写生，我们发现，他不仅对大自然进行了非常仔细的观察，还十分注重渲染景观的宏伟气魄。其速写本中的画作时常会令人想到17世纪古典主义大师（如普桑和洛兰）的作品。1804年，透纳在哈雷街的个人画廊里举办了首次作品展，其中包括30幅以瑞士为主题的画作。在这些大幅水彩画中，透纳格外强调了风景的恢宏气魄，而且常会对实景和真实地形进行大刀阔斧的改动。1815年，其中的一部分画作在皇家艺术学院再度展出。

从泰晤士河岸到欧洲大陆：透纳，一位游牧式的艺术家

《西庸城堡》
Château de Chillon
作于约 1809 年，水彩画，现收藏于英国伦敦大英博物馆

在《现代画家》上，罗斯金以展品中的《圣哥达山口》（参见第 67 页）为例，讲解了"透纳式地形画"相比"实景地形画"的出彩之处。据罗斯金介绍，透纳当时的主要任务是描绘中欧和意大利之间的主要通道。当透纳来到景色壮丽的圣哥达山口时，他的情感正处于强烈的悸动之中。这种主观状态促使透纳创作出了奇特的画面，"他描绘了北欧山峰中前所未见的宏大气势，同时也表现出了（圣哥达山口的）本质特征"。"他画的不是客观的实景，而是景物在他心中的印象"，这位"伟大的创作型风景画家"竟能画出个人脑海中的画面，描绘出"无限高、无限深"的山川，这足以证明"他的创作方式要比'实景地形画'更出彩"。这番论述表明，当时的透纳逐渐找到了一种表现大自然的独特方式（这种方式将会在 19 世纪 20 年代得到进一步的发展和巩固），即不再拘泥于实际的地形地貌，而是通过戏剧化及表现力来呈现大自然的威严、宏伟和"崇高"。

《苏黎世》
Zurich
作于 1842 年，水彩画，30 厘米 ×45.6 厘米，现收藏于英国伦敦大英博物馆

在透纳生命的最后 15 年，尤其是 1841 年—1844 年，他每年都会重游瑞士。40 年前，他出于对瑞士大好山河的钟爱来到这里，而今这股热爱依然浓烈。只是他重返旧地时，这里的政治境况已经改变。自瑞士联邦统一（1803 年）以来，该国达成了数十项协议和公约来平息寡头和民主团体之间、天主教和新教地区之间的冲突和危机，不过局势仍不断恶化，到 1832 年甚至出现了军事冲突。在如此紧张的局势中，透纳完成了最后几次瑞士之旅。随着年龄渐长，他开始觉察到身体的衰老。1844 年 12 月 28 日，在给霍克斯沃思·福克斯的信中，透纳写道："冬天的严寒令我感到不适，我对天气变化的敏感程度比我们一起在范内散步那会儿更严重了些。不过我仍心怀感激，因为我已经活得够久了。我再次去了瑞士的卢塞恩，却没有料到等待我的是一系列激烈的政治和宗教争端。今天很早就开始下雨，我两次试图穿越阿尔卑斯山，结果都失败了，不

得不披着湿漉漉的外套和烂掉的靴子折返。加固鞋跟后,我参观了莱茵河畔的一些小山谷,结果意外发现那里比我预期的有趣多了……"虽然旅途并不顺利,但透纳还是为瑞士创作了数百幅彩色作品,其中最出彩的当属大幅水彩画。在大多数情况下,透纳会沿用自己一贯以来的创作习惯,先在现场用铅笔写生,再回画室进行上色。而其上色方法似乎与大科曾斯提出的"点染法"有着异曲同工之妙,不过不同于大科曾斯的单色画,透纳通常会使用更加明亮的色彩,如蓝色、粉色、黄色……并利用水彩的透明特性表现微妙的光色变幻。

从泰晤士河岸到欧洲大陆：透纳，一位游牧式的艺术家

《红色的瑞吉峰》
Le Rigi rouge

约 1841 年—1842 年，水彩画，228 厘米 ×302 厘米，现收藏于英国伦敦泰特美术馆

早在第一次游历瑞士时，透纳就对俯瞰卢塞恩湖的瑞吉峰印象深刻，绘制不少铅笔速写。1840 年—1844 年，透纳又以瑞吉峰为主题创作了 19 幅风格相近的水彩画。这幅水彩画正是其中之一，透纳用明亮清透的色彩营造出了一种宁静诗意的氛围。

在卢塞恩，透纳自然不会错过"山中皇后"瑞吉峰的英姿。早在第一趟造访瑞士时，透纳就为瑞吉峰绘制了不少铅笔速写。1840 年—1844 年，透纳更是为瑞吉峰绘制了 19 幅别具一格的水彩画。随着画技的逐渐成熟，透纳不再费力寻找新的题材，而是专注于围绕一个主题进行创作，更深入地挖掘主题的特质。因此这 19 幅水彩画虽然描绘了相同的主题，但绝不是简单的重复，而是被赋予了不同的光线及大气变化。此外，尽管这些画作略显唯美含蓄，但它们仍属于自然主义的范畴。在这些描绘瑞吉峰的水彩画中，透纳格外注重光色的表现，使原本"坚实可见"的景物呈现出一种近乎"虚幻"的视觉效果，营造出了如梦如幻的氛围。有时，透纳也会将这种表现手法运用到城市景观画（这一时期较少）中，用清透迷人的色彩及灵动清晰的笔触描绘出不一样的建筑风貌，在展示建筑本身风采的同时，又给观众留下了足够的空间，让观众得以通过个人的体悟来"阅读"和"翻译"透纳的画作。可以说，透纳用画笔营造出了宁静的氛围，用他独特的风格创作出了普世的诗歌。

《从城墙看到的琉森》
Lucerne vu des remparts
作于 1842 年，水彩画，现收藏于英国伦敦泰特美术馆

    打造绚丽光色效果及薄雾感的秘诀其实就是湿画法，最终的成效一方面取决于画家的画技及经验，另一方面则有一定的偶然性。而透纳绝对是个中高手，从他为瑞士绘制的水彩画中，我们可以看到透纳极强的表现力和控制力，尽管景物的轮廓仿佛自然地消融在若隐若现的色彩中、溶解在水汽中，但景物的特征却依然清晰地被描绘了出来，呈现出亲切、随意、诗意的视觉效果。我们会感到自己是重新演绎画作的"参与者"，正不断地走近画中的元素（尽管有些图案非常简单），将它们组合成一个连贯的、可理解的整体。

    奇怪的是，透纳曾多次在皇家艺术学院展出意大利主题画作，却从未展出过瑞士主题的水彩画。根据罗斯金的说法，该系列只是透纳向潜在客户展示的"样本"，让客户决定其中哪些加工成油画，也就是说这些色彩丰富、大面积渲染的水彩画只是半成品。在同时期的油画中，这些水彩画被赋予了新的活力，形式也更加大胆。总体而言，尽管透纳的瑞士主题画作知名度有高有低，但画作本身都熠熠生辉。

    透纳用自己的作品为风景画发声，打破了世人对风景画的偏见。要知道，此前，在所谓的艺术权威眼中，风景画一直被放在较低的地位（远低于历史及肖像题材）。透纳是一位勤奋的画家，也是一名不知疲倦的旅行者，他始终对自己的画作充满信心，但绝不自满，这一点从他晚年仍坚持画速写就可以看出来。画速写时，透纳总是以粗犷的笔触快速勾勒出不同大气或光线条件下的景物，同时赋予它们真正的诗意，这样观众就可以自行发挥想象力，以个人的解读来丰富画中"朦胧不清"的部分。无论是展出的成品，还是速写或草图，透纳在其中呈现的不确定性、朦胧感等，都被后世艺术家争相效仿。

从泰晤士河岸到欧洲大陆：透纳，一位游牧式的艺术家

1845年，当透纳第18次（也是最后一次）踏上欧洲大陆之旅时，他已经年过七旬。两年后，透纳完成了最后一本速写本。此后，透纳依旧每年参加皇家艺术学院的展览，1850年结束最后一次展览后他便开启了在切尔西的隐居生活，直至1851年12月19日去世。去世后，透纳的灵柩被转运到了安妮女王街的透纳画廊。整整十天，来送别的人络绎不绝，都是为了瞻仰艺术家的遗容及其作品，毕竟这是人与画最后一次同时出现了。12月30日，人们齐聚圣保罗大教堂，对这位伟大的画家致以最后的敬意。

透纳的故事

时人眼中的透纳：独一无二
Une œuvre singulière au regard de ses contemporains

众多拥趸

　　前文提到过，透纳很早就凭借地形画赢得无可争议的赞誉。随着透纳在"如画"和"崇高"主题中快速摸索出自己的独特风格，他的拥趸也越来越多，因此他的经济状况一直不错，不像其他同行那般拮据。

　　在透纳的职业生涯早期，父亲还会在自家的理发店展示并出售儿子的画作。这家理发店地处热闹的梅登巷，就在泰晤士河畔的科文特花园区附近。对于透纳入行伊始售出的这批画作，我们知之甚少。不过，相关的文献资料记录了不少自18世纪90年代末开始帮衬透纳的买家，其中包括一些知名人物，如爱德华·拉塞尔斯。拉塞尔斯是第一代哈伍德（位于英格兰北部的西约克郡）男爵，从1797年起便邀请透纳和吉尔丁到自己新古典主义风格的大宅邸做客。此外，还有家财万贯、脾气古怪的贵族威廉·贝克福德，他是一名作家兼收藏家，曾邀请透纳参观自己著名的新哥特式建筑——丰特希尔修道院（位于英格兰南部威尔特郡）。此后不久，透纳还受到银行家、艺术爱好者及古董鉴赏家理查德·柯尔特·霍尔爵士（1757年—1838年）的邀请，拜访了他位于威尔特郡的斯托海德庄园。这座庄园的灵感源自洛兰的画作，庄园里有英国第一批帕拉第奥式建筑，周围环绕着各式花园。

《一艘高舷货船》
Approvisionnement d'un navire de haut bord

作于1818年，铅笔和水彩画，28.6厘米×39.7厘米，现收藏于英国贝德福德塞西尔·希金斯美术馆

据福克斯家族的一位后人描述，透纳仅花不到三个小时就完成了这幅画："他将颜料倒在画纸上，然后专心致志地动笔作画，在纸上近乎疯狂地抓挠、摩擦。起初整幅画看起来一片混乱，但渐渐地，好像被施加了什么魔力，一艘精致华美的大船就浮现在了画面上。到了午餐时间，大师拿着完成的作品走下楼来。"

透纳的故事

《佩特沃斯庄园和远处的提林顿教堂》
Le Parc de Petworth, avec l'église de Tillington au loin
作于约1828年，60厘米×145.7厘米（带框：93厘米×170.5厘米×14厘米），现收藏于英国伦敦泰特美术馆

这幅佩特沃斯庄园的全景图是温德姆委托透纳为自己的餐厅所作。温德姆在世时，透纳经常会造访温德姆的餐厅。有人发现，这幅画似乎应用了柏拉图的几何学：透纳用清透的长笔触刻画了若干汇聚成圆锥形的光线。实际上，透纳在演讲中，曾多次引用阿肯赛德（1721年—1770年）的诗句："在物质结构解体之后，剩下的只有纯粹的形式——三角形或圆形、立方体或圆锥。"

    上述收藏家收购的作品大多都没有在皇家艺术学院展出过。这些作品一部分记录了收藏家的家庭生活，另一部分则是收藏家基于草图订购的。当选为皇家艺术学院的候补院士后，透纳在短短九个月里为客户创作了六十多幅水彩画。诸多著名收藏家纷纷出资赞助透纳，并用高价收购透纳的画作，这都足以证明他们对这位年轻艺术家的认可和欣赏。当时，埃尔金勋爵曾邀请透纳作为画家一同前往希腊，却遭到了透纳的拒绝，可见他那时就已经颇具个性。

    自19世纪20年代起，透纳的拥趸人数开始呈井喷式增长，无论在伦敦还是在英国的其他城市，到处都有透纳追随者的身影。这些追随者非常狂热，他们不仅资助透纳创作，有些甚至会和透纳一同出门游历。我们熟知的拥趸有查尔斯·斯托克斯、托马斯·格里菲斯、亨利·麦康奈尔、艾尔南·比克内尔、B.G.温杜斯及门罗·诺瓦尔。此外，还有两个名字格外引人注目，那便是沃尔特·福克斯和乔治·温德姆。

时人眼中的透纳：独一无二

透纳很可能是通过爱德华·拉塞尔斯结识福克斯的。拉塞尔斯是两人共同的好友,其位于哈伍德的宅邸距离福克斯的法恩利庄园很近。法恩利庄园位于约克郡利兹附近,占地广阔,有一部分正对着沃夫河。福克斯是透纳的狂热追随者,他曾游历透纳画作中描绘的地点,甚至临摹过透纳1790年在皇家艺术学院展出的画作。据传,在透纳完成第一次欧洲之旅后,福克斯就向他收购了两幅油画和近二十幅水彩画。这些作品大多都是参照速写本《圣哥达和勃朗峰》创作的,透纳会在对应的速写页面标上福克斯的首字母"F"代表这幅画已经售出。1808年,透纳首次受邀参观法恩利庄园,此后他常常受到福克斯的热情接待,直到福克斯于1825年去世。传说中性格孤僻的透纳,在福克斯的孩子们充满喜爱之情的描述中完全是另一副样子。透纳一直与福克斯的孩子们保持着联系,他不仅为孩子们发明各种游戏,还允许他们观看自己作画。要知道,透纳对自己的作画方式守口如瓶,几乎从未公开谈论过,但他却愿意在这些孩子面前毫不吝惜地展现自己。福克斯的孩子们长大后,回忆了透纳的作画方式,这些回忆无疑很有说服力。据他们所说,透纳会在小纸片上急迫地狂画,"在房间里拉几条长绳,就像烫洗女工家一样,上面晾着粉色、蓝色和黄色的纸片"等。

透纳的故事

《法恩利，客厅》
Le Salon, Farnley
作于 1818 年，灰纸上的水粉画，31.5 厘米 ×41.2 厘米，私人收藏

　　透纳在法恩利庄园创作的大量习作，尤其是他在 1815 年—1818 年完成的画作，基本都是速写，完成度不高。不过，1819 年，透纳还是在福克斯的伦敦故居（格罗夫纳广场 45 号）展出了其中的约六十幅画作，包括"取景于福克斯先生宅邸周边风景的 20 幅速写，这些画挂满了一个展厅"。画作内容既有宁静舒适的室内环境，也有如画的周边景观，如博尔顿修道院、喷泉、柯克斯托尔、沃什本山谷等。在绘制这些速写时，透纳偶尔还会用到淡色水粉。据《艺术档案》的专栏作家说，这些速写很可能是"用蛋彩颜料画成的。比起隔壁展厅的成品画，透纳可能更喜欢这批速写。可惜的是，这些速写并未被收录到展览目录中，因此没有明细，但毋庸置疑，它们是绝佳的案例，体现了透纳在风景画方面无人能企及的才能"。连业内人士都能给出如此赞誉，可见这批速写以独特的意境和风格打动了一批挑剔的观众。

时人眼中的透纳：独一无二

《佩特沃斯：晨露》
Petworth: matin de rosée
作于 1810 年，布面油画，91.5 厘米 ×120.6 厘米，现收藏于英国伦敦泰特美术馆，佩特沃斯藏品

    在艺术领域，透纳与福克斯来往甚密。福克斯作为赞助人收购了透纳约二百幅水彩画和六幅油画。透纳是出身平凡的画家，凭借活跃的精神及独特的画作吸引了一群不拘泥于社会教条的拥趸；福克斯是主张废除奴隶制和议会改革的进步绅士，有时甚至会被怀疑是危险的激进分子。机缘巧合之下，两个看似没有关联的人建立起了深厚的情谊。福克斯陆续收购了透纳的许多名作：1817 年收购了透纳"莱茵河"系列的 51 幅画，1818 年收购了透纳曾在皇家艺术学院展出的大型海景画《多特或多德雷赫特：风平浪静的一天，多特的邮轮从鹿特丹出发》（参见第 101 页）……可以说，福克斯一家的友谊和忠诚给予了透纳极大的精神支持。

《佩特沃斯：艺术家和他的仰慕者》
Petworth: l'artiste et ses admirateurs
作于 1827 年，蓝纸上的水彩和水粉画，13.8 厘米 ×19 厘米，现收藏于英国伦敦泰特美术馆

《佩特沃思：白色图书馆的独奏会》
Petworth: un récital dans la bibliothèque blanche
作于 1827 年，蓝纸上的水彩和水粉画，14 厘米 ×19 厘米，现收藏于英国伦敦泰特美术馆

透纳的故事

《佩特沃斯：白色和金色相间的客厅》
Petworth: le salon blanc et or

作于 1827 年，蓝纸上的水彩和水粉画，13.4 厘米 ×19.1 厘米，现收藏于英国伦敦泰特美术馆

整个客厅金光闪闪，墙上挂着凡·戴克的著名肖像，由此可见佩特沃斯庄园的藏品质量之高。透纳在佩特沃斯庄园中创作了 110 多幅画作，其中的一些画作以轻松随意的视角描绘了庄园主人及其形形色色的活动（如打台球、弹钢琴等）。这些画作通常以暖色作为主色调，烘托了豪宅中亲和又精致的氛围。透纳非常喜爱佩特沃斯庄园的美景及氛围，并在庄园里拥有自己的画室。

    乔治·温德姆（1751 年—1837 年）是埃格勒蒙特（位于英国东南部萨塞克斯郡）的第三代伯爵，早在 1802 年就从透纳手中收购了一幅大型海景画，此后更是进行了一系列收购。两人的友情维持了很长一段时间。

    乔治·温德姆是一位为人慷慨且富裕的慈善家，以热情好客而闻名，热衷于邀请艺术家到佩特沃斯庄园做客。他邀请过的人中包括画家查尔斯·罗伯特·莱斯利、乔治·琼斯和弗朗西斯·钱特里爵士，雕塑家约翰·弗拉克斯曼等。

    1809 年夏天，透纳第一次造访佩特沃斯庄园。这座庄园建于 17 世纪，"与其说是庄园，不如说是宫殿"。透纳在这里细细品味主人珍藏的古今名作，包括凡·戴克、洛兰及雷诺兹的作品。温德姆为透纳专门准备了一间画室。透纳以庄园里的花园及周边景色为主题绘制了大量速写，不过最特别的当数他刻画庄园室内空间的作品：笼罩在柔和灯光及暖色调（鲜红色或金黄色）中的小起居室、客厅、卧室和书房，弥漫着宁静而奢华的气息。透纳有时会简略地勾勒出人物，使画面更加灵动。这些画作捕捉了庄园里人们的日常生活，有的在听音乐，有的在打台球，有的在写信，有的边吃饭边聊天……透纳不仅是独立于场景之外的见证者，他自身也深深沉浸于这种生活的魅力中。佩特沃斯庄园里的生活仿佛是精致、轻盈和简单的完美结合。

1829年，透纳的父亲去世后，画家经历了一段极为痛苦的时期。那时，同为透纳父辈的、当时独居的乔治·温德姆伯爵给了透纳足够的安慰，这是来自一个宽厚、专注、有修养的男人的安慰。透纳与温德姆一同分享诸如钓鱼之类的小爱好。通过透纳在佩特沃斯庄园创作的一百十几幅作品，我们可以看出温德姆宁静超脱的内心世界。他1837年的去世对透纳造成了很大的冲击。

　　透纳描绘室内场景的画作并不多，这些表现法恩利庄园和佩特沃斯庄园内景的画作仅是个人收藏，不做展出。透纳通常会选用暖色（如黄色或赭色）作为主色调，以粗略的笔触描画豪华宅邸中华丽的装饰和帷幔，或打造出高朋满座的热闹气氛，或营造出静谧空间（如图书馆、画室等）的私密感。这些速写体现了几位收藏家对画家的信任，让我们得以窥见透纳不为人知的一面，而速写中的某些特质也会逐渐显露在透纳后续的正式作品中。

透纳的故事

《钻研之书》的扉画
Frontispice du Liber Studiorum
作于约 1810 年—1811 年，水彩画的蚀刻版，29.9 厘米 ×38.4 厘米，现收藏于英国伦敦泰特美术馆

传道授业

从透纳开办个人画廊（1804 年）、将自己的作品翻刻成版画汇集出版（1806 年—1819 年），以及在皇家艺术学院的讲坛耕耘（1811 年—1829 年），都可以看出透纳自职业生涯初期开始，就对自己作品的卓越品质和创作原则充满信心，并决心将他苦心孤诣得出的成果传播出去。

《钻研之书》（1806 年—1819 年）

1819 年，透纳出版了《钻研之书》（共 14 卷）的最后一卷。出版该版画集的构想诞生于 1806 年一个高瞻远瞩的项目，提议人很可能是透纳的朋友威廉·威尔斯。威尔斯认为必须"出版一部作品，使公众能公正地认识透纳"。起初，透纳和威尔斯计划出版 100 幅版画，最后完成的只有 71 幅蚀刻版画和黑白版画，主要分为六类：乡村、海景、山景、历史、建筑及田园史诗。其中，田园史诗类的作品最多。从书名"钻研之书"就可以看出，这是透纳对洛兰及其《真实之书》的致敬之作。为了更好地在版画集中还原画作效果，透纳用羽毛笔蘸取茶褐色颜料或中国水墨绘制了 195 幅单色习作，然后再委托版画师理查德·厄洛姆（1743 年—1822 年）用美柔汀技法进行翻刻。评论家纷纷指出透纳和洛兰这两部巨著的相似之处。本书中展示的某些透纳画作（尤其是乡村及历史题材）确实也明显参考了前辈洛兰的名作。

时人眼中的透纳：独一无二

透纳的故事

《苏格兰的酸沼》
La Tourbière, Écosse

由乔治·克林特翻刻,作于1812年(收录于《钻研之书》第九卷),美柔汀版画,17.9厘米×26厘米,现收藏于英国伦敦泰特美术馆

早期翻刻透纳作品的罗林森写道:"《苏格兰的酸沼》一直被我们奉为《钻研之书》中的杰作。这幅作品从各个方面体现出典型的透纳风格,从中看不到其他大师的影响,也没有早期绘画传统的任何影子或痕迹。该画的蚀刻部分由透纳亲自制作,线条刚劲有力。这幅版画的效果真的很好……很难想象有比这幅巧夺天工的作品更完美的美柔汀作品了。"

《柯克斯托修道院的地下室》
La Crypte de l'abbaye de Kirkstall
作于 1812 年，版画，18.1 厘米 ×26.4 厘米，现收藏于英国伦敦泰特美术馆

  透纳效仿洛兰，计划将版画集《钻研之书》作为风景画艺术的"习作范本"（同时防止被抄袭），既面向对透纳感兴趣的公众和同僚，也面向初学者。透纳为《钻研之书》投入了巨大的精力，除了为每幅画绘制单色习作，还亲自将画作的轮廓刻在铜版上，并反复检查专业雕刻师的工艺细节。有些人会对透纳滔滔不绝、有时甚至不恰当的干预意见表示很难赞同，比如他有时会使用状况不佳的旧版来重新印刷，导致个别样张质量低劣；还有些人由于报酬微薄（他们不是唯一控诉他吝啬的人群），不愿意再为他工作。通过这些说法，我们可以还原一个更立体的透纳，也能看出透纳事必躬亲的局限性。无论如何，《钻研之书》的整体质量还是体现了透纳一如既往的严谨作风，效果惊艳，几乎凝聚了透纳风景画的所有精髓。不过，透纳虽然为这个大型项目创作了不少新作，但其中还是有他以前的作品，比如"山景"部分《萨瓦省霞慕尼山谷的艾云河源头》就来自速写本《圣哥达和勃朗峰》。此外，《钻研之书》中的有些版画也成了透纳后来创作的素材。这部巨著采用了美柔汀工艺，可以更细腻地再现画作的明度变化，反过来启发透纳进一步思考光色关系，而这也是透纳一生的课题（他晚年仍在绘画中反复钻研色彩的奥妙）。

透纳的故事

皇家艺术学院的教书时光（1811 年—1828 年）

　　透纳虽早在 1807 年 12 月就被任命为透视学教授，但他直到 1811 年才举办了第一场教学研讨会。按照皇家艺术学院的规定，任职教授每年须召开六场与其学科（包括构造学、建筑学、绘画和透视）相关的会议。透纳的研讨会主题为"远景：建筑与风景介绍"，他坚决捍卫风景画的地位，同时认为风景画与洛兰存在无可争议的"亲子关系"。他一开讲便歌颂洛兰的画作"如同意大利的空气一般纯净、沉稳、美丽且宁静，洛兰的作品和他的名字一样会发光"。在持续至 1828 年的授课过程中，透纳经常会提及洛兰的精湛画技，尤其是他海港画中的深浅映景法。

　　在洛兰的启发下，透纳以迦太基为主题创作了一系列画作：最早是 1812 年的《暴风雪：汉尼拔和他的军队越过阿尔卑斯山》（参见第 43 页）；此后，透纳开始着力描绘迦太基传说中的建立者狄多，从《狄多和埃涅阿斯》（1814 年）到《狄多建立迦太基》（1815 年）和《迦太基帝国的衰落》（1817 年）。在后两幅画中，可以明显看到洛兰海港画《希巴皇后登陆的海港》（参见第 157 页）的影子，古典宏伟的建筑、树木、船只和人物错落有致地分布在光轴两侧，景物围绕着地平线纵向地朝天空（上方）和水面（下方）延展开来，形成一幅气势恢宏的画卷。罗斯金虽然曾多番批评洛兰，但他也在《现代画家》中承认："在洛兰之前，从没有人认真思考过以传统之外的方式来描绘太阳，他们要么用（通常）带有脸的红色或黄色的星状图案表示太阳，要么把太阳放在画面外，表现其刺穿云层的光线……只有洛兰把太阳作为画里的景物来对待，他前所未有地捕捉到了阳光照在景物上产生的朦胧阴影，以及阳光散落在空中的其他微妙效果。可以说，在洛兰之前，没有人用油画呈现过这些效果。"在洛兰的画中，太阳似乎蒙着一层面纱，透过云层发光；而在透纳的画中，太阳是绝对的主角，照亮天空和水面，纵向地刺穿画面，将画面划分为近乎对称的两部分。透纳对这种画法的着迷可以追溯到青年时代。据他最早的一位传记作者说，透纳那时会为一些业余画家绘制天空的底色。

《特威克纳姆的波普别墅》
La Villa de Pope à Twickenham
作于 1808 年，油画，91 厘米 ×120 厘米，现收藏于英国温奇科姆的苏德利城堡

1808 年，英国诗人、评论家和古典主义拥护者亚历山大·波普（1688 年—1744 年）的别墅被摧毁。同年，透纳创作了这幅油画来缅怀这座建筑，后来该画被约翰·派伊（1792 年—1874 年）翻刻成了版画，这也是两人的首次合作。这幅画在透纳画廊展出时，透纳还题了一首诗，并在惯用的签名后面加注了"透视教授"（P. P），表明他自 1807 年 12 月开始在皇家艺术学院担任的职务。

透纳的故事

《狄多建立迦太基》，又称《迦太基帝国的建立》
Didon construisant Carthage (L'Ascension de l'Empire carthaginois)
作于 1815 年，布面油画，155.5 厘米 ×232 厘米，现收藏于英国伦敦国家美术馆

透纳一生创作了许多与迦太基历史有关的画作。和《迦太基帝国的衰落》一样，这幅画的题材、严谨的构图，以及对光效的关注都仿佛是在向洛兰致敬。在伦敦国家美术馆展出时，透纳甚至要求将这幅画挂在洛兰的《希巴皇后登陆的海港》旁边。

　　透纳与洛兰的画作之间有着千丝万缕的联系，因此后世常会将两人放在一起比较，也就此引发了一些有趣的争议。1857 年，法国艺术评论家查尔斯·布兰克写道："法国画家（洛兰）拥有一种崇高的单调，而英国画家（透纳）则擅长表现令人炫目的变化。"美籍画家詹姆斯·麦克尼尔·惠斯勒（1834 年—1903 年）却并不认同这一看法，甚至抗议道："请睁开眼睛，好好看看！"惠斯勒在自己的传记作家佩内尔面前惊呼："克劳德·洛兰非常清楚，直接描绘太阳很怪异，所以他会等到落日时分，或太阳被云彩遮住后再画。洛兰知道如何表现迷人的光线，没有人比他更擅长这一点了！透纳则不一样，他不喜欢云的效果，想要描绘太阳本身，因此他在画布中间堂而皇之地留下了一大团颜料。要不是看到画中的天空，我们还以为他画的是火漆印呢！所有的幻想荡然无存，这个英国人简直太大胆了，其他画家绝不会这么疯狂！"在某种意义上，光是透纳画作的灵魂。除了太阳，透纳也会在画中捕捉迷人的月光，这无不体现了画家对光的狂热追求。透纳擅长用光来加强画面的对比效果，营造景深，有时某些景物的轮廓甚至会消融在光线中，因此透纳也被后世誉为"光之画家"。

时人眼中的透纳：独一无二

在透纳的画作中，光是永远的主角，就连主人公也只能退居次位。以《狄多建立迦太基》为例，作为这座繁荣城市的建造者，狄多本该是当之无愧的主角，然而事实是观众只有仔细辨识，才能找到她被群臣簇拥的身影。狄多的面前头戴黑色头盔的男子就是特洛伊王子埃涅阿斯。但画中没有用任何客观元素表现两人间的悲惨爱情——传说埃涅阿斯服从朱庇特的指令放弃了狄多，导致狄多在绝望中自杀。同样地，在《迦太基帝国的衰落》中，尽管太阳被乌云笼罩，人物仍只是占据了很不起眼的位置。为更好地阐明作品涉及的历史传说，透纳为这幅画写了一段话："罗马下定决心要颠覆其死敌，对它强加种种条件，迦太基若不答应，便必须开战；若答应，便是灭亡；迦太基人无力招架，渴望和平，最后同意献上他们的武器甚至是孩子。"可见透纳对迦太基及其祖先的历史知识是有所了解的，这种了解很可能源自洛兰 1675 年创作的《埃涅抵达帕兰蒂亚的风景》，透纳曾于 1799 年瞻仰过该画的原作。此外，透纳也可能是与同期的其他画家一样，想要借罗马与迦太基的战争史来隐喻当时的英法冲突。

透纳的故事

《沉船》原作
Shipwreck

作于 1805 年，布面油画，170.5 厘米 ×241.5 厘米，现收藏于英国伦敦泰特美术馆

这幅大型海景画与《加来的河堤：渔民准备出海，一艘英国客轮到港》（参见第 70 页）和《狂风中的荷兰船只》（参见第 63 页）一脉相承，1805 年在安妮女王街的透纳画廊展出时大获好评。后来，这幅画被约翰·莱斯特爵士（1762 年—1827 年）购得，并收入爵士在泰布利（柴郡）的私人画廊中。该画廊藏有众多当代英国艺术珍品，其中包含透纳青年时期的一些作品。爵士去世后，透纳赎回了其中的几幅作品。

时人眼中的透纳：独一无二

《沉船》版画
Shipwreck

查尔斯·透纳，1806 年翻刻，1807 年出版，美柔汀版画，56 厘米 ×83.3 厘米，现收藏于英国伦敦大英博物馆

这是透纳的同姓好友查尔斯·透纳根据油画原作，"在艺术家（透纳）的指导下"翻刻的版画。查尔斯·透纳曾多次与透纳合作。

据罗斯金所说，透纳曾承认自己借鉴了洛兰的画作，但是透纳的反对者却常常强调他相比于古典大师洛兰的不足之处。比如，评论家哈兹利特就批评透纳的色调层次与混色效果，觉得洛兰更胜一筹，他写道（《评论家》，1816 年 11 月 3 日）："（观众）已经意识到，忌讳绿色而将树木涂成蓝色或黄色只是一种江湖骗术。绘画大师洛兰的风景画是如此完美，透纳再怎么投机取巧也无法与之媲美。"不过，也有人支持透纳，如《晨报》就称透纳"有可能成为另一位克劳德·洛兰"。实际上，透纳虽然常会参考洛兰作品中丰富的自然元素，但他从未接触过洛兰的写生作品，因为在被大英博物馆收购（1823 年—1824 年）前，洛兰的这类作品对英国人而言还是很陌生的。然而，奇妙的是，透纳描绘暮光的水彩画却与洛兰的写生作品极为相似，这种联结很难解释，或许是因为两人共同的关注点。通过洛兰同时代传记作家桑德拉特和巴尔迪努奇的著作，透纳意识到洛兰非常重视对自然的观察。桑德拉特曾回忆道，洛兰"竭尽所能地深入大自然的心脏。为精准地描绘出日出和日落时分天空的差异，他躺在田野上，从黎明前一直待到夜幕降临"。

透纳的故事

《希巴皇后登陆的海港》
Port de mer avec l'embarquement de la Reine de Saba
作于 1648 年，布面油画，148.6 厘米 ×193.7 厘米，现收藏于英国伦敦国家美术馆

如今在伦敦国家美术馆，这幅画就挂在透纳的名作《狄多建立迦太基》旁边。1799 年，当透纳第一次看到古典主义大师洛兰的油画时，"他脸上的表情既幸福又痛苦，因为他深知这些画绝无模仿的可能性"。

也许是鉴于自己与洛兰不谋而合的艺术抱负，透纳在 1829 年 9 月 22 日的遗嘱中指定要将自己的作品《迦太基帝国的衰落》"与洛兰的《希巴皇后登陆的海港》和《磨坊》挂在一起，永不分开"。这一要求证明了透纳渴望跻身于欧洲传统历史风景画家的行列，也表明了他的个性及始终如一的立场，那就是：生动地呈现以明亮的光线照耀万物的太阳。

从透纳拾起画笔那一天起，他似乎就在前辈大师的作品中挖掘灵感。透纳在研讨会上也提到了这些名家对自己的影响，如小威廉·凡·德·维尔德便启发透纳创作了《狂风中的荷兰船只》，阿尔伯特·奎普启发透纳创作了《多特或多德雷赫特：风平浪静的一天，多特的邮轮从鹿特丹出发》（参见第 101 页）……

19世纪20年代至40年代中期，透纳有时会在画作的标题中直接引用这些大师的名字，譬如《凡·戈因思索题材》就明确表达了透纳对这位自然主义风景画先驱画中晴朗天空的喜爱；《鲁伊斯达尔港》则借鉴了哈勒姆画家鲁伊斯达尔充满力量感的作品，重点刻画了天空电闪雷鸣的场景，描绘出一个梦境般的画面。这些画作均表明了透纳对17世纪荷兰绘画大师的钦佩之情。其实，不仅是透纳，整个英国都受到荷兰风景画的影响，要知道，英语中的风景画（landscape）便来自荷兰语"lanschap"。名家的佳作为风景画的发展提供了丰富的养料。不过，透纳似乎不是很喜欢鲁本斯和凡·戴克的风景画，尽管两人曾旅居英国。相反，他对有"英国海上斗士画家"之称的维尔德情有独钟，并因此十分喜爱广义上的海洋绘画题材，如海景、港口、河流、河岸乃至海上的风暴。

透纳的故事

《按照杜·弗雷斯诺法则所作的华多人物习作》
Étude de Watteau suivant les principes de Du Fresnoy
作于 1831 年，木上油画，40 厘米 ×69.2 厘米，现收藏于英国伦敦泰特美术馆

这是透纳对华多的致敬之作。早在 1818 年，透纳便临摹了华多的名画《舟发西苔岛》，此后，他还受华多启发描绘了一些优雅的庆典场景。在这幅画中，透纳实验了杜·弗雷斯诺在《绘画艺术》（第二版，1673 年）中提出的明度对比。透纳还将该书的原理应用于他在皇家艺术学院的绘画教学中。

1827 年，透纳创作了《伦勃朗的女儿》，以此向《夜巡》的创作者伦勃朗致敬。《夜巡》是一幅布面油画，明暗对比强烈，层次丰富，富有戏剧性。透纳曾将这幅画作为自己研讨会上的解析素材。在某些方面，透纳几年后创作的《按照杜·弗雷斯诺法则所作的华多人物习作》与《夜巡》也有着相似之处。在这幅画中，透纳重现了华多的"求爱派对"化装舞会的热闹场景，贵族们身着华服集聚一堂。此外，透纳还在这幅画的展览目录上引用了好友皮埃尔·米尼亚德在《绘画艺术》中的一句话："当白色发出冰清玉洁、一尘不染的光辉时，会使一个物体显得更远或更近。"

时人眼中的透纳：独一无二

《威尼斯：叹息桥、总督府邸和海关，卡纳莱托作品》
Le Pont des Soupirs, le palais des Doges et la Douane, Venise. Canaletto peignant
作于 1833 年，51 厘米 ×81.6 厘米，木上油画，现收藏于英国伦敦泰特美术馆

透纳在威尼斯共和国游历期间（分别在 1819 年、1833 年、1835 年、1840 年），威尼斯已经逐渐衰落，影响力远不如伟大的威尼斯风景画家卡纳莱托生活的时代。在这幅画中，透纳通过题材及用色向卡纳莱托致敬：明亮的色彩挥洒在宏伟的建筑上，使建筑的宏伟气魄更加具体可感，而泻湖水面的闪闪波光则烘托出了威尼斯的繁华。

意大利半岛之行在透纳的内心留下了深深的震颤。第一次造访罗马后，透纳创作了《拉斐尔在福尔娜瑞娜的陪伴下准备装饰门廊的画作》（参见第 109 页），他将文艺复兴时期的大师拉斐尔与这座"永恒之城"的全景结合起来，赋予了场景一定的戏剧性。而《威尼斯：叹息桥、总督府邸和海关，卡纳莱托作品》则描绘了著名画家卡纳莱托最喜欢的城市，透纳为这幅画绘制了多幅草图及习作。作为一位成熟的艺术家，透纳从不担心被人指摘说借鉴了这些美术泰斗。不过，随着时光流逝，现在将透纳的名字与这几位曾在透纳心底留下深刻回响的艺术家放在一起也不违和了。在皇家艺术学院的课堂上，透纳通过前辈的经历提醒学生，天才纵然是天生的，但也需要不断揣摩前人的高超画技，在借鉴的过程中磨炼自我，逐渐铸就自己独树一帜的风格。

《尤利西斯戏弄波利菲莫斯——荷马的奥德赛》
Ulysse raillant Polyphème - L'Odyssée d'Homère

作于 1829 年，布面油画，132.5 厘米 ×203 厘米，现收藏于英国伦敦国家美术馆

《托马斯·劳伦斯爵士的葬礼》
Les Funérailles de sir Thomas Lawrence

作于 1830 年，水彩和水粉画，61.6 厘米 ×82.5 厘米，现收藏于英国伦敦泰特美术馆

透纳的故事

《色环》
Cercles de couleur
作于约 1822 年—1828 年，纸上铅笔和水彩画，55.6 厘米 ×76.2 厘米，现收藏于英国伦敦大英博物馆

  起初，透纳的授课范围以透视为主，后来他渐渐开拓了其他较为严肃晦涩的主题，比如光学。为此，透纳研读了不少文献资料，如牛顿 1704 年的同名著作《光学》。在这部著作中，将个人实践观察与光学原理相结合，研究了光对不同材料（如金属或玻璃）和表面（平面、凸面、凹面）的影响。透纳十分重视光线及大气环境的变幻，在他眼中，比起呈现实景，气氛更加重要。这种描绘自然的方式有别于传统的画室惯例，启发了后世艺术家的思维。当然，后代的户外写生在本质上与透纳的方法也不复相同。

  提到光就不能不说说色彩。从本质上来说，色彩与光有关。在整个职业生涯中，透纳结合丰富的资料和方法，形成了一套个人的色彩理论。透纳在皇家艺术学院授课时，曾提及哈里斯的色彩原理。摩西·哈里斯是一名画家兼昆虫学家，曾受到雷诺兹赞赏，著有《自然色彩系统》（1766 年首印，1811 年再版）。不过，透纳将哈里斯的《色环》改为三角形的图示。对此，劳伦斯·高威解释道："在哈里斯的《色环》中，三原色混合后会产生黑色。而透纳在哈里斯环版本的基础上增加了另一个自己发明的截然不同的版本，并将其命名为'光的混合'……即纯光色的组合。"呈现了"密集、实质"的色彩混合。透纳解释说："按棱镜色彩排列，白色属于联合光或复合光，而……我们的颜料混合后，会产生相反的作用：一切颜色都会遭到破坏，换句话说，会产生'黑

《色环》
Le Cercle chromatique
约翰·沃尔夫冈·冯·歌德,作于1808年—1810年,现收藏于德国美因河畔法兰克福哥特博物馆

暗'。因此,光是彩色的,而阴影则是色彩的缺失,是通过消除彩色的光线或减弱其强度得到的。这是自然界中普遍存在的法则。光线以不停变化的组合方式控制着昼夜变化,如黎明是灰色的、日出是黄色的、落日是红色的。这些就是光色的组合。"

透纳的见解可以说相当与时俱进。约翰·亨利希·弗斯利(1741年—1825年)是一名英国籍的瑞士画家,当年透纳加入皇家艺术学院时,弗斯利已经是院士了。弗斯利曾在1799年的绘画研讨会上教导透纳:"一种颜色比两种复合的颜色具有更强的力量""三种颜色的结合只会进一步减弱其力量"……后来,透纳在自己的课堂上重提这些规则时,补充道:"色彩的叠加如果超过某个程度,就会变得枯燥无味又刺眼,如同一团烂泥。"透纳率先提出了"加色法"(光的混合)和"减色法"(颜料的混合)的理念。此后,直到1866年,德国物理学家赫尔曼·费迪南德·冯·亥姆霍兹(1821年—1894年)才出版了《物理光学手册》,正式从科学的角度重新诠释了透纳的这一理念。

透纳的故事

时人眼中的透纳：独一无二

《洪水之夜》，出自"阴影与黑暗"系列
Ombre, obscurité. Le soir du déluge

作于 1843 年，布面油画，78.5 厘米 ×78 厘米，现收藏于英国伦敦泰特美术馆

> 这幅画与姐妹篇《洪水后的清晨，摩西写创世记》都体现了透纳对歌德《色彩理论》（1810 年）的浓厚兴趣，尤其是其中与光色有关的理论。透纳不仅阅读了该书 1840 年出版的译本（伊斯特莱克译），还对其中艰深的文本做了很多批注。尽管透纳对哲学家提出的某些概念持怀疑态度，但不可否认他对该理论十分关注。

　　透纳从未停止过学术上的探索，这从他晚期的作品就可以看出，尤其是"阴影与黑暗"系列及"光明与色彩"系列。在这两个系列的画作中，透纳准确无误地呈现了约翰·沃尔夫冈·冯·歌德（1749 年—1832 年）的理念。歌德是众多画家的朋友，也是诗人兼科学家。1840 年，其巨著《色彩理论》由查尔斯·洛克·伊斯特莱克翻译后，再次出版。该书从根本上挑战了牛顿 18 世纪初以来在光学上的主导地位，提出色光混合后会形成白光。这一立场不禁让人联想到柏拉图的理念，即"复杂的形状是由现存的简单形状构成的"。在《色彩理论》中，歌德着重指出，形状的视觉感受是通过明度对比（黑色和白色），也就是浅色和深色（在牛顿的理论中不起作用）的对比形成的。歌德的色环融合了象征着幸福、快乐、喜悦、温暖的浅色或称"正"色（黄色、橙色、红色），以及象征着忧郁和悲伤的冷色或称"负"色（蓝色及其派生色，包括紫红和紫色）。这些

透纳的故事

《洪水后的清晨，摩西写创世记》，出自"光明与色彩"系列
Lumière et couleur: Le matin après le déluge, Moïse écrivant la genèse
作于 1843 年，布面油画，78.5 厘米 ×78.5 厘米，现收藏于英国伦敦泰特美术馆

与专注于光谱的牛顿理论不同，歌德论述的是"极"的概念，围绕包含"正"色和"负"色的色环展开讲解。这套理论结合了人的主观感受。透纳很欣赏歌德将黄色（透纳最喜欢的颜色）放在重要的地位，以及强调其舒缓和令人振奋的效果，不过透纳仍略感遗憾，因为歌德没有将黄色视为"创造之光"。

颜色不仅会影响空间感，还会影响人类的情感和欲望。纯净的颜色（不会让人想起其他任何东西）被放置色环的两极，分别是代表"分析、阴影、黑暗、虚弱、疏离、吸引力"的蓝色（参见"阴影与黑暗"系列），以及代表"效果、光线、清晰、力量、温暖、接近、运动"的黄色（参见"光明与色彩"系列）。透纳对这套理论非常欣赏，因为他一直有意地将黄色放在作品的中心位置。但是，透纳 1812 年的第六场研讨会上又驳斥了歌德的某些理论，他说："过于死板的方法体系会使色彩象征理论受到严重的玷污，比如《色彩理论》用白色和红色象征光和权力，用红色和蓝色象征荣耀，用紫罗兰色象征服从，用绿色象征奴役。"此外，透纳还曾提醒学生不要滥用色彩象征理论。

虽然透纳在书中留下的许多批注表达了他的怀疑，甚至是批评的态度，但他也承认歌德"在一切理论的基础上做了丰富的实践，从这本书可以看出歌德的天分……是的，这是事实，我只是就事论事"。

时人眼中的透纳：独一无二

透纳的故事

在皇家艺术学院的研讨会上，透纳不仅会运用语言上的解说（褒贬不一），还常会利用各种画作、图案及示意图来配合他艰深难懂甚至有时让人听不清的讲解。对于这些图解，观众们表现出了较强的兴趣和认可。据画家理查德·雷德格雷夫（1804年—1888年）回忆："通常，研讨会有一半的时间，助教都会站在（透纳）后面，在透纳喃喃不清的指示下从一幅巨大的版画里提取出佐证他观点的细节和图案。对现场观众而言，比起靠耳朵听的解说，这些画作绝对称得上是享受。透纳曾向学生展示了无数珍贵的画作，他在学生们新奇的、期待的眼光下拿出一幅幅画作，作为讲解深浅映景法或色彩透视的教材。这确实是一场视觉的盛宴。"另一个故事似乎也证明了这番话的真实性。皇家艺术学院有一名有听力障碍的图书管理员一直坚持参加透纳的研讨会，当被问及原因时，管理员回答道："先生，虽然我耳朵听不到，可是在透纳的课上可以见到很多令我惊叹不已的好东西！"这句话的弦外之音是，透纳的演讲能力有所欠缺。确实，透纳讲话声音低、语速快、内容密集，似乎不是一名优秀的演说家。

《拉斐尔的变形分析》
Analyse de la Transfiguration de Raphaël

作于约1817年,红黑两色颜料,74.9厘米×54.6厘米,现收藏于英国伦敦泰特美术馆

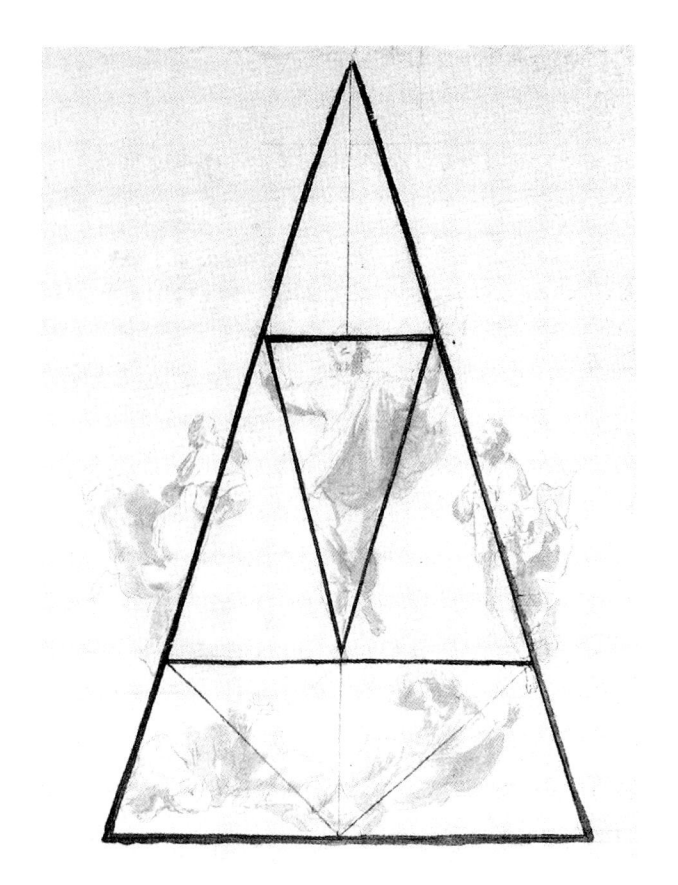

除了表达能力,透纳的教学方式也曾遭到公众的质疑。据罗斯金回忆(《现代画家》):"透纳提建议时,经常以一个尖锐的问题开头,或通过引用他人观点的形式来表达,极少给出自己的观点。比如,有一天门罗交给他一份不太具有个人风格的素描,透纳便向他发问:'你在找什么?'……有时候,透纳的判断又像斧头一样鲁莽果断。曾有学生创作了一幅城市全景,却忘了画教堂的尖顶。于是,透纳问学生:'你为什么不画呢?'学生回答道:'我没有时间。'透纳说:'那么,你应该选择更适合你水平的主题。'"不过,雷德格雷夫也承认:"比起其他老师,透纳课上的学生要多不少,这说明学生还是认可其教学方式的。"然而,单从透纳的研讨会来看,除了刚当选院士的几年,研讨会的观众数量逐年减少。

透纳的故事

透纳画廊：成立个人展馆

  1799 年秋天，透纳成了皇家艺术学院的候补院士，并搬到了伦敦西部的哈雷街 64 号。同为院士的法灵顿在《日记》中写道，透纳住在一个"体面且地段金贵"的街区。四年后，一方面因为学院内部纷争激烈，艺术家之间关系极度紧张；另一方面因为透纳的画作"供不应求，订单排到了 20 年后"，透纳开始有意减少参加皇家艺术学院年展的次数，并决定翻新自己住宅的二楼，用于开设个人画廊。1804 年 4 月 18 日，在母亲去世三天后，透纳"成立了一个长 20 米、宽六米的画廊"。

  透纳并不是第一个开设个人画廊的艺术家，但是对当时不满 30 岁的画家来说，决定成立一个足以展出"三四十幅画作，既有水彩又有素描"的画廊还是需要巨大的勇气。关于透纳当时展出画作的具体信息，我们了解得并不多，只知道大约有 30 幅，其中包括他结束瑞士之旅（1802 年）后创作的若干水彩画，如《圣帕索尔大道》《雷格兰巴赫城堡》，很可能还有前一年曾在皇家艺术学院展出的《麦康丰收节》。据法灵顿回忆（1804 年 4 月 24 日）："乔治爵士（即博蒙特，是一名反对透纳的赞助人）去看了透纳的展览，他认为透纳不应展出那么多自己的画作。爵士还点评说，画中的天空虽然很引人注目，但与其他景物放在一起显得很突兀。"透纳的一些同事一眼就看穿了这一大胆决定的利害关系。皇家艺术学院院长本杰明·韦斯特（1738 年—1820 年）告诉法灵顿，他认为透纳"今年办展只是为了维持自己的名声，展品的质量其实

伦敦安妮女王大街 47 号的照片
47 Queen Ann Street à Londres
拍摄于 19 世纪末，私人收藏

大不如前"。的确，透纳 1803 年展出了 15 幅作品，到 1804 年仅剩三幅，而 1805 年就一幅都没了……皇家艺术学院的同事可能觉得被透纳背叛了，因此对这些在他"家里"展出的作品百般挑剔："韦斯特周四晚上还谈到了透纳的画作，说它们毫无亮点，把水画得像石头一样……"肖像画家约翰·霍普纳（1758 年—1810 年）对法灵顿说："透纳以前展出的美妙、细致的作品，还有他对景物的精心处理，现在都不见踪影……所谓的画廊看起来就像是商场的宣传橱窗，里面的画夸张粗糙、毫无章法。"

透纳的故事

| 16 | 译者注：即哈耳庇厄，希腊神话中鸟身人头的女妖，性格残忍、凶恶。

透纳的脾性向来独来独往，所以不难理解 1809 年萨拉·丹比住到哈雷街后，透纳便搬到了毗邻的安妮女王西街 47 号。1818 年，透纳买下了哈雷街 65 号和 66 号，将其与安妮女王西街的建筑打通。这样，到 1812 年，人们就可以直接通过安妮女王大街进入透纳画廊了。1821 年，一方面是因为工作繁忙，另一方是因为透纳想要为计划重启的画廊保留最出彩的作品（同 1804 年一样），透纳没有参加 1821 年的皇家艺术学院年展，次年也只提交了一幅受华多启发而作的小幅作品《你们所想要的》。

据透纳的同事乔治·琼斯说，透纳房子的外墙由新砖砌成，采用勾缝技艺，没有涂灰泥，是"整条街最出彩的建筑"，虽然整栋建筑略显严肃，但大门设计得"匀称和谐"。然而，过了几年，乔治·琼斯坦言，"地下的小院和门槛还算干净，但是肮脏的窗户和长年掉漆的外墙"使房子看起来破破烂烂的。关于这点还有更客观的佐证，彼得·坎宁安回忆道："透纳去世时，甚至此前好几年，房子里都让人联想到可怕的犯罪现场……大门至少有 20 年没有重新粉刷过，窗户被常年的雨水和积灰弄得邋遢不堪。我常常在想窗户怎么还没碎掉？路人告诉我们说，这扇门已经很多年没有打开过了，并补充道：'不过，听说里边住着一个人，至少城里头的那个军官是这么说的。'"其实透纳很少在家，他把房子交给萨拉的侄女汉娜打理，自此汉娜便照看房子直到去世。汉娜清心寡欲，不过给人一种敏锐的印象。根据特里马尔的说法，汉娜"遭遇过一场可怕的癌症，从此深居简出，整栋房子也因此蒙上了一层阴翳"。1846 年 5 月 20 日，伊丽莎白·里格比（不久后成了伊斯特莱克的夫人）在蒙罗·德·诺瓦尔（1797 年—1864 年）的陪同下参观了透纳的房子，结束后她言简意赅地说道："一个让人又惧怕又同情的鸟身女妖[16] 打开了门。"

《透纳的棺材停放在安妮女王街的画廊中》
Le Cercueil de Turner dans sa galerie de Queen Ann Street
乔治·琼斯,作于约 1852 年,油画,现收藏于英国牛津阿什莫林博物馆

这幅小型油画的作者是透纳的朋友画家乔治·琼斯。它是研究透纳的私人画廊的珍贵文献之一。透纳的棺木在宽敞的大厅里放了十天,从画中可以辨认出他的一些作品,例如尽头的《列治文的丘陵》(1819 年)。不久,透纳被庄严地安葬圣保罗大教堂地下室离雷诺兹不远的墓穴里。

透纳画廊的成立,标志着透纳成了一个成熟的男人,同时也是一名功成名就的艺术家。他的画廊位于安妮女王大街,面向特定人士(如朋友、收藏家、政客和贵族)开放。随着时间推移,访客对越来越疏于打理,甚至可以说残破的展厅议论纷纷。1842 年,苏格兰年轻画家莱顿·雷奇回忆道:"展厅不像是伦敦一般房子的大厅。它是方形的,几乎空无一物,连家具都没有,被粉刷成暗褐色。墙的顶部嵌有帕台农神庙大理石的模型。整栋房子到处都蒙着灰,好像被人遗弃了。"穿过房子的大厅后,里面有一个阴暗的饭厅,饰有两幅画作,分别出自小威尔逊及洛兰的导师塔希之手。此外,整栋楼还有三个房间用于堆放透纳未完成的作品,不过堆放得并不整齐,有些画作甚至直接被丢弃在了潮湿的角落里。

透纳的故事

透纳时期的切尔西的泰晤士河
La Tamise à Chelsea à l'époque de Turner
拍摄于约 1863 年—1870 年（拍摄地点为老教堂塔楼），现收藏于英国伦敦皇家自治镇肯辛顿 & 切尔西图书馆

  透纳的画室北面透光。透纳会请访客进入一楼的画廊之前先在一间黑暗的前厅里待一阵。根据曾造访过一次透纳画廊的古生物学家理查德·欧文（1804 年—1892 年）解释，这个行为是因为"外界的明亮光线会扭曲人的视线，使人无法用最佳的视觉来欣赏画作，所以要想体验最佳观感，人要先在黑暗里待一会儿"。

  透纳的这间狭长的长方形房间光源有限，主要来自两个小天窗。天花板上挂着几张轻薄的窗纸，用来遮挡小天窗。大多数画作都固定在一面暗红色的展墙上，对齐在一到两个高度上，还有些画直接摆在地上。不过很快，透纳殚精竭虑想出来的这些使观众免受光线影响的措施，都因为他不善保存作品而变成徒劳。连透纳最狂热的仰慕者雷奇都叹息道："当我走进画廊打算一饱眼福那一刻，我简直不相信我的眼睛：作品的保存条件使我难以置信！屋顶的窗户非常脏，好几扇窗户都碎了，有的整个都不见了。冰凉的秋雨直接打落在地板上……《迦太基帝国的建立》和《涉溪》这两幅最好的作品都破损得不成样子。《迦太基帝国的建立》里的天空真的令人特别惋惜，都裂开了，不是平常地裂开，是裂开一条长长的缝，好像消融的冰块一样。好几处颜料都脱落了。我记得有一道爆开的口子，好像发硬的皮带一样……"里比夫人也十分讶异："我们上了画廊，那是一个相当漂亮的大厅，可以说是伦敦最漂亮的房间，可是房子状况太差了，房子里的作品也是。《迦太基帝国的建立》又霉又破。我还看到另一幅画，画里所有元素都脱离原样了，我鲁莽地问道：'这是《世界末日》吗，透纳先生？''不，女士，是《暴风雪：汉尼拔和他的军队越过阿尔卑斯山》。'"

罗斯金对此心痛不已："透纳选择了一个如此破败的地方，而且对自己的画廊展出的作品如此不上心，我确实无法理解他内心的想法。这两件事都是不可原谅的。"确实，透纳的矛盾心理让人很难理解：他一边精心策划了一个私人画廊项目，而一边又对自己的作品如此漠视。更令人吃惊的是，透纳曾经批评皇家艺术学院展出作品的方式，还提出了改进方案（尤其是关于画框和展品墙挂物线的对齐方式）。也许是他直到晚年还经常外出，再加上他上了年纪后精力不佳，所以才没有好好保养自己的油画和素描，放任它们处于如此恶劣的环境里。不过，后人仔细研究了透纳的遗嘱，似乎也不能理解他捉摸不透的想法。

父亲去世几天后，年仅 54 岁的透纳在 1829 年 9 月 30 日立下第一份遗嘱。后来他又进行了多番修改，增加了若干细化的条款，规定将巨额遗产遗赠给祖国，这表明他希望将自己的经典作品（尽管可能不是全部）传给后世的心愿。

此前，我们提到过透纳在 1829 年的遗嘱中写道，要将《狄多建立迦太基》和《迦太基帝国的衰落》"与洛兰的《希巴皇后登陆的海港》和《磨坊》挂在一起，永不分开"。1832 年 8 月 20 日，透纳又补充了一项，要求遗嘱执行人"必须建立一座专门的画廊来存放我的画……执行人必须牢记我特别坚持的一点，就是要将我的作品收藏在同一画廊，以便人们可以免费地随心所欲地欣赏、了解或研究它们。我还要求，这座画廊应名副其实地完好保存及保管我的画作和作品集"。

透纳的故事

在这里我们回顾一下，此前不久，英国伦敦国家美术馆在 1824 年 5 月 10 日对公众开放。英国从 18 世纪晚期开始就卷入了各种冲突（特别是跟法国），因此英国希望通过成立英国美术促进协会（创建于 1805 年）来更明确地定义国家的艺术画派。这一机构专门展览和售卖本土艺术家的作品，以此推广英国艺术，同时它还努力推动建立一座英国的公共艺术画廊。这个构想促进了后来国家美术馆的成立。国家美术馆最早的一批藏品是英国下议院 1824 年 4 月收购的约翰·朱利叶斯·安格斯泰因的 38 幅私人珍藏。新画廊在银行家约翰·朱利叶斯·安格斯泰因位于波迈街 100 号的宅邸落地。后来，议会又投票通过了一项预算，用以建造一座专门接收国家藏品的建筑。直到 1838 年，这座画廊才在伦敦市中心的特拉法加广场落地，无论是首都西部的富人阶级，还是东部的底层人民均可入场。随着英国定期收购作品，一个专门的管理部门成立了，由透纳在第二次意大利之旅中结识的查尔斯·洛克·伊斯特莱克担任第二任策展人。1847 年，伊斯特莱克制定的收购政策及清理藏品的行为引发争议，他愤愤不平，最终辞职。不过他在 1854 年又被任命为第一任馆长，并在 1856 年接收透纳的遗产。

　　正是基于政策不断变化的背景，透纳于 1848 年 8 月在遗嘱中添加了与他"已完成"的作品有关的一项条款：其作品必须保存在安妮女王街的画廊，直到它们被转移到国家美术馆专门为此建造的一座（或多座）展厅；展厅将以"透纳美术馆"命名。

　　回顾透纳对遗嘱条款的修改，其实与许多因素都有关。

　　首先，他可能受到了伟大的英国新古典主义建筑师约翰·索恩（1753 年—1837 年）的思想影响。约翰·索恩在妻子去世（1815 年）之后整理了他收藏的个人作品和古代名作，并翻新了房屋（由他亲自设计图纸），将它变成一个"供拥趸和学生使用"的博物馆，一直保留至今。透纳与约翰·索恩非常相熟，后者曾收购透纳的作品，并且和他一样积极参与"艺术家公益基金会"的管理。他们很可能一起商讨过"透纳基金"项目,这笔巨款是透纳捐给一座专门为出生在英国境内"贫穷""落魄"的艺术家而筹建的机构的。不过这个愿望后来没有实现,不是因为透纳所谓的吝啬,而是因为他的亲戚(虽然他没有法律上的孩子)反对这一条款并且还胜诉了。

此外,1847年赞助人罗伯特·弗农(1774年—1849年)向伦敦国家美术馆捐赠的行为也让透纳体会到,个人的力量能够在多大程度上影响一家致力于发扬艺术、保护艺术遗产的机构的收藏水平。伦敦国家美术馆是一家声名远扬的机构,最初主要收藏外国古董名画,在推动英国艺术发展的过程中扮演了重要角色。弗农将自己从19世纪20年代以来收藏的一百五十多幅名家之作捐给国家美术馆,其中包括庚斯博罗、雷诺兹、威尔逊及许多其他画家的画作。弗农的同辈画家(透纳也展出了四幅油画)都曾在这座公共博物馆里一展风采。透纳在最后一份关于"已完成的画作"的遗嘱中(1848年),对1832年的条款进行删减,规定所有"属于透纳画室的作品和财物都应妥善保存"。透纳从年轻时创立个人画廊开始,一直认为统一展出自己的作品非常重要。他精心保存自己的267本速写本(几乎是他所有的速写本),拒绝某些作品(如《雾晨》和《狄多建立迦太基》)的高价收购诱惑,以及重新赎回自己的作品等事实都证明他有在为身后事作打算。随着年龄渐长,他比年轻时更在意自己去世后能否流芳百世。

其实,伦敦国家美术馆不仅收到了透纳"成品"(指作品曾在艺术家在世时展出),而且还收到了他保留的所有油画、水粉、水彩、素描和草图。自从1987年以来,透纳的作品,除了九幅仍保留在伦敦国家美术馆,其他全部转移到了专门接收并保管这一珍贵遗产的克洛尔画廊(泰特美术馆的附楼)。克洛尔画廊胜过任何言语,生动地讲述了透纳的人生:他对其他欧洲国家的文化成果保持开放的态度,更是在祖国的艺术发展中发挥着关键的推动作用,从他思虑再三而制定的遗嘱可见他对祖国的赤子之心。

《开幕期间的透纳》
Turner durant le vernissage

帕罗特，作于约 1846 年，25 厘米 ×22.9 厘米，木板油画，现收藏于英国谢菲尔德市美术馆（罗斯金画廊）

这幅画描绘了 1860 年《艺术日记》中记载的趣事，当时透纳提交了一幅作品，"起初只是一堆杂乱的色块，可以说完全不成型，就像造物前的混沌一样。不过展馆的负责人知道这幅画出自谁的手笔，当然就毫不犹豫地把它张挂起来。那天，透纳像魔术师一样在众人面前进行了魅力四射的表演。观众们纷纷驻足，饶有兴趣地围观……待作品完成后，透纳便将画具放回盒子里。他面对墙壁，一言不发地贴着墙转身离开……他是一位真正的大师，无时无刻不在揣摩作品。当他明白作品已经完整时，就离开了"。

开幕日：众人评画

多年来，透纳极富想象力的作品受到了艺术评论家的褒扬，但也有人表达了对其创作风格的担忧："毫无疑问，透纳先生是一位思想丰盈、视野开阔的艺术家，他的作品无不展现出丰富的想象力。他没有一幅作品是狭隘的，他永远以开阔的心胸看待自然……（然而）它们也显得粗糙、矫揉造作。"（《豪猪》，1801 年 4 月 28 日）透纳作品的完成度总是令观众困惑。在这方面，我们能找到很多有说服力的证词。以詹姆斯·莱诺克斯收购《斯塔法岛的芬格尔岩洞》（参见第 46 页）的故事为例，这次交易由皇家艺术学院院士、英国风俗画家查尔斯·罗伯特·莱斯利（1794 年—1859 年）牵头，莱诺克斯收到画作后向莱斯利表达了自己的担忧。据莱斯利回忆："他（莱诺克斯）觉得这幅画太模糊了，怀疑是在运输过程中损坏了。当然，他并不是怀疑作品的质量，希望仔细品味后能进一步挖掘出它的优点，只是他暂时还不知道该如何写信向透纳先生描述自己对这幅画的印象……可是很不巧，我在皇家艺术学院碰见了透纳……他问我是否收到詹姆斯·莱诺克斯的来信，我只能如实回答，告诉透纳说莱诺克斯发现画面有些模糊。可能是因为作品在包装的前一天用油灰涂清漆，所以清漆上光了。面对这样的情况，透纳先生建议采用通常的方法，即对有蓝色矸光的地方，用细丝制成的旧手帕轻轻擦拭表面。如果这还不够，则应对整幅作品再上一层新的油灰清漆。透纳先生还补充说：'请转告他，不确定性（模糊性）是我的长处，也是我可爱的罪过。'"这番话出自景仰透纳的友善派之口，可想而知，对手的批评会有多么尖酸刻薄了。不过，透纳从不将那些批评放在心里，这一点有时令他最忠实的仰慕者也颇感吃惊。

  1809年的"开幕"期间（指展览开放的三四天前，专门留给院士修饰完善作品的时间），透纳顺利完成了若干幅作品。前来看透纳一展风采的观众都记得，透纳从开幕日开始就到场，直到确认创作无可改动之后才离开。通常情况下，他的画布底色都只是白色或某种单一色调。透纳的朋友查尔斯·罗伯特·莱斯利的儿子记得，他小时候曾在"开幕日"见过透纳，他说："我从没见过像透纳这样画画的人。一开始，我看到的作品只不过是一块几乎全白的画布，铺在一块旧的传统画框上。透纳身前的凳子上总是排列着许多神秘的瓶子和颜色鲜艳的罐子……他的画笔很

透纳的故事

短，有点像室内装潢用的刷子。他先在白色的画布上涂上一层薄薄的颜色，接着从他的笔尖生出许多形状各异的云彩，然后又开始描绘前景的海浪或平静的水面……他和木匠早上六点就到了，然后忙碌了一整天……透纳习惯用干燥的颜料，将它们与松节油、胶水，甚至是走了味儿的啤酒混合，像工匠一样在木板上作画。他通过透视让作品看起来更富有立体感……"这些细节体现了透纳的实用主义。他对自己的技法充满信心，巧妙地发挥了所用材料的表现潜力。另一段充满比喻的引述也回忆了透纳这位有着神秘光环的美术大师，如何像炼金术士一样将平平无奇的素材化为金子：据1860年的《艺术日记》记载，在开幕日当天，透纳"没什么时间可以浪费，因为这幅画起初只是一堆杂乱的色块，可以说完全不成型，就像造物前的混沌一样。不过展馆的负责人知道这幅画出自谁的手笔，当然就毫不犹豫地把它张挂起来。那天，透纳像魔术师一样在众人面前进行了魅力四射的表演。观众们纷纷驻足，饶有兴趣地围观……待作品完成后，透纳便将画具放回盒子里。他面对墙壁，一言不发地贴着墙转身离开……他是一位真正的大师，无时无刻不在揣摩作品。当他明白作品已经完整时，就离开了"。

皇家艺术学院的展览起初在萨默塞特宫（位于斯特兰德街）举办，后又改在特拉法加广场（现为国家美术馆的展馆）举行。从理论上讲，一旦艺术家将作品提交给皇家艺术学院理事会，他们就可以参加展览。皇家艺术学院的院士不受此限制。参展作品如果与其他作品太过相似，就会淹没在众多画作中，于是参展画家们各显神通，力求让自己的作品脱颖而出。这种情况下，清新明亮的色彩更能吸引观众的眼球。1836年的《艺术家》写道："透纳这样的天才在上面花点心思，就能取得有目共睹的效果；而想象力没那么强的艺术家只能甘拜下风。"在《现代画家》中，罗斯金给出了更有说服力的解释，透纳的动力来自很多方面："确实，透纳经常在各种舆论的刺激下产生贪玩的心理，他不再像1820年—1835年那样为了展示自己的才能而作画，而单纯只是为了刺激和挑衅那些批评他的人。他还经常把在学院的工作当作游戏，跟他的同事进行色彩比赛——对这样一个藐视一切质疑、自信十足的灵魂来说，爱开玩笑和爱挑战是很自然的。"

时人眼中的透纳：独一无二

《透纳正在画一幅画》
Turner peignant l'un de ses tableaux
理查德·道尔，漫画，《当月年鉴》（1846年6月出版），现收藏于英国伦敦国家肖像画廊

  显然，透纳参加皇家艺术学院的年展，并非是出于竞争精神，而是出于他对挑战和交际会面的喜好。一些没有参加展览"开幕日"的画家认为这一活动不公平，提议取消"开幕日"，对此透纳愤慨道："你们将取消的是我们仅有的聚会，是我们仅有的能够在轻松愉快的氛围中找回自己的机会。如果连'开幕日'都取消了，我们就连了解彼此的机会都失去了。"他如此不满，一方面是出于集体主义精神，另一方面是因为他相信开幕日对已成名的艺术家而言是接收到有益意见的机会。"我认为，没有人的观察能比透纳更精准，换言之，没有人能比他更好地掌握指导艺术家的诀窍。"同为皇家艺术学院院士的爱德温·兰瑟爵士（1802年—1873年）承认："展览期间，他总能发现展出作品的纰漏。尽管一开始画得已经无可挑剔了，他还是精益求精，不管是在比例上、明暗对比处理上，还是其他方面。透纳无疑是我有幸见过的最好的老师。"

经验主义的创作方式

当代的评论常会结合透纳所处时代的艺术背景,为观众阐明透纳的独特之处。透纳一生从未停下画笔。他的创作方法、对水彩和油画的特殊处理、绚丽的用色、富有表现力的技法都独树一帜,为他赢得了各方的赞美。

透纳是皇家艺术学院的学生(1789年),后成为学院的正式院士。他接受了从古典主义到自然主义的严格教育,这一正统的培训囊括了有关绘画、色彩、光线渲染和透视等技法方面的训导,目的是让学生获得扎实的技法和专业知识。

透纳早期采用"烟草汁"色勾勒,进行轻盈的渲染,赢得了有"涂鸦爵士"之称的乔舒亚·雷诺兹爵士的赞许。透纳很快又以鲜艳的色彩和明亮的色调从一众画家中脱颖而出。在他被皇家艺术学院录取的十年后,同事法灵顿回忆说:"他反对普遍遵循的机械、系统的绘画方法,认为这样只能画出矫饰主义和千篇一律的作品……透纳没有一套既定的法则,但他总能找到属于自己的颜色来表达内心。"假如说透纳的"经验主义"只是与其他画家格格不入,那么他的表现手法更

《日出时分，海角的船只》
Soleil levant, un bateau entre des promontoires

作于约 1845 年，布面油画，91 厘米 ×122 厘米，现收藏于英国伦敦泰特美术馆

这幅油画具有某些水彩画的特性，如柔和的色调，体现了透纳晚年油画的整体特征。他时常打破媒介的边界，将水彩和油画结合在一起。

是常常遭到世人的抨击。1805 年，透纳的同事威尔基写道："说到透纳，我对他的绘画方法一无所知，他的构图很宏大，效果和色彩也比较自然，但他的表现手法是我见过最可憎的——有些部分完全解释不通，比如他的画虽然篇幅不大，但是我得站在房间的另一端，眼睛才能找到合适的观察角度。"实际上，客观来说，透纳的画作还是常常会令评论家眼前一亮，尤其是他的水彩画。画家詹姆斯·奥尔洛克说，透纳"让颜色漂浮在浸透的纸上，而且雷奇先生告诉我，他曾经看见透纳同时创作好几幅水彩作品！据雷奇先生说，（透纳）先将浸透的纸张抻在木画板上；然后将颜料滴在仍然湿润的纸张上，使整个表面产生大理石纹和渐变的效果。他收尾极其迅速：画出主体和细节，去除颜料制造出半色调的效果，然后刮擦制造明亮的高光，用透明色薄涂，加晕线，点彩，一幅作品就完成了"。这一讲究的画法能够保证颜料的纯度和亮度，主要来自透纳在门罗画室的经历而非学院的教学。

《流放和阿拉佩德》，出自"战争"系列
La Guerre, l'exilé et l'Arapède

作于 1842 年，布面油画，79.2 厘米 ×79.2 厘米，现收藏于英国伦敦泰特美术馆

从 1816 年开始，直至透纳结束画家生涯，他创作了许多姐妹篇作品。这幅画出自"战争"系列，比姐妹篇"和平"系列（同为八角形）受到了更多关注。画中拿破仑被笼罩在末日的光芒中。从这幅画饱受争议的配诗中，罗斯金看到了"他（拿破仑）在夕阳的光辉和鲜血之间想到的关于'联想'的语言"。

    透纳经常用规格相似的画布来画同一主题的草稿，他可以毫不费力地同时创作多幅作品，且不受限于不同的绘画技术。谈到透纳 1850 年在皇家艺术学院展出的几幅作品，女管家布思夫人回忆道："他把几幅画对齐，画一幅，接着画下一幅，然后再轮一遍。"

    当透纳创作长卷画时，这种"顺序为之"的画法显得更为独特。他会将根据题材选择合适大小的画布，然后将其固定在支架上。这一方法似乎首创于 1827 年夏天，透纳受到怀特岛的建筑师约翰·纳什的邀请，一边观察东考斯的船赛，一边将几幅草图串联起来，让观众得以一览船赛的全景。可以说，透纳创造了一种原始的电影形式。

    透纳采用"同时创作法"画的习作直到 19 世纪初才被单独展出，而这一画法在 1820 年—1830 年才变得更加系统化。如果将这些习作拆分开，已经看不出透纳同时绘制的古怪痕迹，而是更体现出他对色彩和光线效果的审慎。对他来说，光色的效果优先于图案的呈现。透纳作品的图案通常画法粗略，且各作品之间的图案变化不大。

透纳的故事

《海上葬礼》，出自"和平"系列
La Paix–Funérailles en mer

作于 1842 年，油画，87 厘米 ×86.7 厘米，现收藏于英国伦敦泰特美术馆

这幅油画是透纳从 19 世纪 40 年代开始创作的"和平"系列作品中的一幅，是"战争"系列的姐妹篇。"和平"系列画作包含了圆形、方形和八边形作品。从作品的题诗（"午夜的火炬照亮了汽船的侧面，光荣的遗体被交付给大海"）可以看出，这幅画是献给透纳的朋友和同事戴维·威尔基（1795 年—1841 年）的。后者在圣地考察旅行的返程中去世，他的去世对透纳造成沉重的打击。此外，出于卫生考虑，威尔基的遗体被丢弃在海上，没有入葬。

  透纳对色彩的关注在他后期的作品（其中有的是姐妹篇）中更为明显。后期的作品中，透纳的笔触方向清晰，看起来像是用大气而有力的笔触画了一股裹挟着各种色彩的旋风，翻涌在圆形或正方形的画纸上。

  现场写生已经是前几代的艺术家的做法。相反，画室创作则通常利用一套流程化的模式来呈现理想化的画面，反映实景反而是次要的。为真实地还原旅途经历，透纳舍弃了画室的惯例和范式——他这样做并非出于对正统派的抵抗情绪，而是为了充分挖掘景色的美学和诗意潜力，他用全新的眼光来观摩风景，也借此形成了一种全新的艺术风格。

时人眼中的透纳：独一无二

虽然透纳的许多同侪在风景画中都选择保留深色调作为主色，但透纳还是提倡选用明亮的色相（纯色＋白色）和色调（纯色＋白色＋黑色）来表现光线。要知道，光线才是透纳画作的真正主题。透纳将黄色置于正极的暖色极，他用黄色充满整张"洒满阳光"的画布，这一做法引发了不少批评。《英国报社》（4月30日）曾这样评论《罗马广场》（1826年）："整幅画泛滥着让人无法忍受的黄色。无论是小船还是建筑物，水还是水手，房屋还是马匹，什么都是黄色的，只有黄色！黄色和蓝色形成了粗暴的对比。"

透纳的故事

《议会大火》的彩色习作
Étude de couleurs
作于 1834 年，水彩画，23.3 厘米 ×32.5 厘米，现收藏于英国伦敦泰特美术馆

  对当时的人来说，透纳标新立异的表现手法让他的某些作品颇为费解，不仅如此，透纳还舍弃了场景的真实色彩，使他的作品陷入了一种虚幻、神秘且令人困惑的氛围中。透纳对古典主义由来已久的传统怀有严重的质疑，这一点令其他画家感到不安。而透纳及其追随者则认为，有必要调整绘画方式，以适应不断变幻的场景。清新的色彩、透明的光感及多变的笔触，这些都是透纳还原现场气氛的艺术手段。然而，他多年形成的绘画特点却受到了批评者的攻击。早在 1816 年，哈兹利特就对透纳"借助粗俗的色调组合，在展览中博人眼球"表达不满；而到了 1842 年，《雅典娜神庙》期刊（5 月 14 日）更是对透纳的用色进行了无情的嘲讽："此前，这位先生就曾用奶油、巧克力、蛋黄、醋栗和果冻来作画。这次倒好，所有食材都派上了用场。轮船在哪里？港口从哪边开始？在哪里结束？如何区分把信号和作者与美人鱼区分开来……这些问题我们最好都不要追究。"

时人眼中的透纳：独一无二

《山毛榉树》
Hêtres
作于约 1799 年，木上油画，27 厘米 ×19 厘米，现收藏于英国剑桥菲茨威廉博物馆

这幅小型作品的创作时间无从考证。画中对比强烈的光线中，有几个用彩色高光表示的人物，相比于周围高大的树木，人物显得微不足道。这幅画可能是透纳早期在户外完成的油画习作之一。

透纳的故事

《色彩的结构》,"色彩的开端"系列
Structure de couleur (Colour Beginning)
作于 1819 年,水彩画,22.5 厘米 ×28.6 厘米,现收藏于英国伦敦泰特美术馆

  透纳对色彩效果的浓厚兴趣在"色彩的开端"系列中表现得淋漓尽致。这是他在同一时期内完成的一批水彩习作。从该系列可以看出,透纳尝试对色彩进行分类,不过,这些作品数量有限,稍显过时,而且与一些未注明日期、没有资料记载和(或)未曾展出的作品在时间上容易混淆。

  "色彩的开端"系列中有些纸上只画了一些面积较大的色块,从纸张的一边延伸到另一边。透纳回忆起他与美国艺术家本杰明·韦斯特的交谈(1799 年 5 月 8 日),当时透纳谈到了几幅描绘阿尔铁里皇宫的作品,他说:"韦斯特觉得克劳德·洛兰先是用简单的渐变色覆盖画布:从地平线到画布顶部,再从地平线到前景。在构建出稳定的明暗关系前,透纳不会画天空中的云彩或其他任何景观。等到洛兰认为建立起令他满意的画面关系时,他才着手作画。在这一过程中,洛兰会呈现出他想要的渐变效果:依然是从地平线到天空的顶部,再从地平线到前景。"我们不确定透纳在"色彩的开端"系列中绘制的这些实验性的、浮动的平行色带是出于什么目的:是自发的美术练习吗?还是形状练习,就好像演奏音乐家表演复杂的作品前要先做的音阶练习?有评论家认为"色彩的开端"系列可能是透纳不满意而丢弃的草稿。可是透纳既然将它们保留下来,而且其中很多张都有标题,那么很可能透纳是刻意保持它们的原样,通过自由的创作形式来鼓励观众作出个人的诗意解读。

  透纳早期处理主题的手法更加客观,他会对随机条件下(处于光线或运动中)的景物反复仔细推敲,有时还会凭着自己的个人理解对景物进行重组,致力于营造出一种诗意的感觉。不过,无论透纳的观察有多么细致,其目的都并不是完全复制景物,而是恢复景物在他心中留下的印象。正如罗斯金在《现代画家》中所写:"一个有创作力的画家必须以一种与众不同的方式处理主题,他不仅要呈现出要画的真实场景,更重要的是表现出它们在自己脑海中形成的印象。"

透纳画了许多彩色习作，但我们也不能忽视他对构图的关注，以及他对次要元素的精确处理。尽管他已经积累了多年的艺术实践经验，但他始终严格考究景物的结构和特征。我们经常提到透纳的过人才华，寥寥几笔就能让景物跃然纸上，但在这背后是无数带有批注的草图及习作。透纳对引起他关注的地方，势必一一考究其原理和特点，绝不放过。在透纳的速写本《巴黎、塞纳河和迪耶普》（1824年）中有这样一段话："前景里有些船是小船，船尾看起来像一个点；还有一些船是方舟。有些船前面鼓起来，好像荷兰的'脆饼'。一排排上蜡的前桅挨着后桅，这些桅杆不常用到，不过总是在手动舵柄的左侧。有些船的桅杆带底座，有些则带垫子（速写本有配图）。所有前桅的下后索角都不会从侧面的孔穿过，而人则在桅杆的后端。锚机总是靠近舱口（速写本有配图）。有时在舷侧可以看到船舱，哪怕是船在划的时候。船桨在凡德维尔从船外配备拖缆……"透纳认真钻研对象的内部构造，就像是在进行人体解剖练习（皇家艺术学院院士将其作为画穿衣服的人物前的必要练习）。

透纳的故事

《海上渔民》
Fishermen at Sea
作于 1796 年，布面油画，91.5 厘米 ×122.2 厘米，现收藏于英国伦敦泰特美术馆

这是透纳在皇家艺术学院展出的第一幅油画。画中，渔船上的人们正处于令人不安的自然危机中，乌云密布的天空挂着一轮明月，水面上的银色月光映照出形状各异的岩石和风暴中心的小船。画作有着丰富的纹理效果及光影效果，让人不禁联想到菲利普·詹姆斯和德比郡的约瑟夫·莱特（1734年—1797年）的作品。

    和其他画家一样，透纳也会用不同颜色的画纸作画，他常用的画纸颜色有白色、乳白色、棕色、灰色及蓝色，比如他画的怀特岛的东考斯城堡的习作（1827 年），以及《法国河流》中的画作所采用的纸张，都属于此类。不过他更执着于挖掘"留白"的美学潜力，他用留空来塑造景物的形态或提升作品的明度。有个别批评家认为作品中这些空隙，或者说留白的区域，只能说明透纳无力完成作品。1816 年的《模仿》写道："我们在这里特别要说一下透纳，他虽然被称为当代最有才华的风景画家，但是他的画看起来太像深浅映景法的抽象样本，与其说他表现的是自然，不如说他表现的是颜料本身。没错，它们标志着透纳的技艺水平很高，面对由空气、土壤和水等元素组成的枯燥主题时的处理驾驭能力很强，可是，透纳笔下的大自然似乎仍处于原始的混沌状态，仿佛回到了开天辟地、地球还没有一个生命，也没有一棵长果子的树的时候。一切都是无形的、空洞的。"

    透纳这类描绘自然的作品尺幅很大，却往往只有极为简单的色块。这也是一种独树一帜的绘画方式，革新了时人一贯的审美评价标准。然而，并非每个人都做好了接受的准备。

比如乔治·博蒙特爵士，他在艺术风格上是绝对的保守派，由于他的抵制，透纳失去了一些订单。1813年，博蒙特以教训的语气向法灵顿说道："把水彩的画法强加到油画里，这一点已经很不可理喻了；如果还要把亮度和透明度也注入油画里，那油画就丝毫没有力量感可言了。"

　　在职业生涯早期，透纳创作常会将水彩与水粉结合，渐渐地，透纳的水彩画受到了越来越多人的喜爱。虽然皇家艺术学院仍将水彩视为适用于新手的、地位不高的绘画类型，不过1790年，透纳在皇家艺术学院展出的水彩作品还是令他声名大噪。其实，直到1796年，透纳才向学院提交了第一幅油画《海上渔民》，也正是这种"正统的"绘画形式才让他透纳得以成功成为学院的院士。直到1804年水彩画家协会成立，水彩画及水彩画家才开始得到世人的重视。19世纪上半叶，英国水彩迎来真正的黄金时代，不久后水彩便风靡全欧洲。

透纳的故事

透纳的水彩画除了以古典而独特的技法闻名，还通过版画印刷的形式传播了透纳的名声。据说，他的第一个版画项目可追溯到 18 世纪 90 年代初。透纳笔记本上的批注也表明了他早年对印刷技艺的兴趣。自 18 世纪前期以来，我们前面提到过的各种主题版画作品集（如考古发现、旅行指南等）呈指数增长，这一时期，透纳定期为杂志刊物画插图（1794 年—1798 年）。由于透纳年轻时已掌握了版画的基本知识，再加上多年来他还学会如何在最大限度地表现色度的前提下设计版画模版，无论是小幅插图的模版，如版画作品集（如《钻研之书》），抑或是大型翻刻版画的模版，如精装的画册、纪念册或年鉴等纪念专辑和新年专辑。在这方面，透纳认为版画集《法国河流》较充分地体现了自己对明暗对比的掌握水平。此外，透纳非常重视将画作翻刻成版画的工艺，他亲自密切监督版画的进展。即使彩色的原作不得不转化成黑白色调，他对此也兴趣不减。翻刻者当然拥有一定的发挥空间，但是必须注意不能丢失他原作中的任何细微之处。他有时会对样张加以修饰，以制造微妙的光线效果；他也会对卢瓦尔河某些版画的细节进行修改。这些翻刻的版画让更多公众认识了透纳，也更好地表现了透纳的独特风格。他的版画广为流传,如罗杰斯的《意大利》和约翰·默里的《拜伦勋爵的生平和作品》里的插图,都取得了巨大的成功,这些插画比沙龙为透纳带来了更为盛大的荣誉。

透纳对水彩的美学特质的钻研可以说是空前绝后,他将水彩的心得运用于其他绘画形式上面,从而在现代风景画的"革新"中占据了无可替代的地位。而康斯特布尔则主要以油画而闻名。如果说在霍加斯(1697年—1764年)出类拔萃的风俗画、庚斯博罗(1727年—1788年)和雷诺兹光彩夺目的肖像画之前,未有画作足以代表盎格鲁-撒克逊绘画艺术这一点令人遗憾的话,那么透纳的去世则彻底终结了英国绘画短暂的黄金时代(150年)——尽管在透纳之前,高瞻远瞩的威廉·布莱克(1757年—1827年)和更晚些的前拉斐尔派也在英国艺术的演变史上开辟了一条正确且独特的道路。透纳的绘画语言和他独特的审美品味堪称是滋养后代艺术和思想的土壤,这一点胜过于其他所有英国画家。

《朱丽叶与她的护士》
Juliette et sa nourrice

作于 1836 年，布面油画，92 厘米 ×123 厘米（实际尺寸为 89 厘米 ×120 厘米），私人收藏

评论家将画中的朱丽叶理解为维罗纳恋人中的女主角，对于朱丽叶站在阳台上俯瞰威尼斯圣马克广场的场景感到十分震惊。罗斯金把他写的第一篇支持透纳的文章寄给透纳，透纳回复说："如果您想收回手稿，请告诉我。否则，如果您同意，那么我想将手稿寄给收购这幅画的蒙罗·德·诺瓦尔。"

罗斯金和透纳：相辅相成的评论家与画家

透纳一方面耕耘讲坛，以此拓宽自己的视野；另一方面也以更大的热情投入绘画研究中。他不间断地作画，一直专注于艺术创新，拒绝"掉进画室的条条框框里"。然而，这样一个富有且有声望的画家也不免受到同时代人的攻击。面对有些人对透纳"偏离"古典传统的担心，透纳的回应总是坚定且不容置疑。在他的成名过程中，艺术评论家约翰·罗斯金（1819 年—1900 年）是一个至关重要的人物。他不仅捍卫透纳，还在很多著作中宣传透纳的作品。

约翰·罗斯金年幼时，便借着父亲做生意的机会（他父亲是一个富裕的葡萄酒商人），跟着父母先是前往英格兰，然后去了欧洲大陆（最早是 1825 年，去了巴黎和滑铁卢）。他在欧洲许多国家（法国、德国、瑞士、意大利等）的生活经历使他有机会接触到风景画以及古往今来的其他艺术名作，这一切激发了他的好奇心，也滋养了他的文化素养。他常常出入于各大博物馆和美术馆（尤其是水彩画协会），受到艺术的熏陶，并且一直是坚定的艺术爱好者（尤其是对素描和水彩画）。

同时，在父母的培养下，这个天性孤僻的孩子还发展了许多爱好：如文学（父母将他们对 18 世纪英国古典作家的喜爱传递给了罗斯金）、基督教历史、观察自然、赏析音乐等。丰富的文化滋养了罗斯金的创作精神：从 7 岁起，他就开始模仿拜伦勋爵和司各特勋爵的风格创作戏剧和诗歌。这也是透纳最欣赏的两位作家。1830 年，年仅 11 岁的罗斯金便在《精神时代》上发表了他的第一首诗（《纪念德斯基达，湖区的山和德文特湖》）。13 岁生日时（1832 年 2 月）罗斯金收到了一份礼物——塞缪尔·罗杰斯的长篇叙事诗《意大利》，他正是从这本书的插画中认识透纳的。第二年，罗斯金翻阅了《圣经的风景》后对透纳越发倾慕，他表示这本书的插画让他明白了"什么才是真正的建筑画"——透纳为《圣经的风景》绘制了 28 张由芬登（1832 年—1837 年）翻刻的版画。此后，罗斯金的研究主题从地质学（他 15 岁时发表了第一篇地质学文章）跨越到了哥特式、文艺复兴时期和新哥特式的艺术和建筑，他为此写了大量著作（1840 年—1860 年），最后，他全身心投入社会学和经济学的批评研究中。

  1836 年，对于透纳在皇家艺术学院展出的作品，出现了许多严厉的批评声。约翰·伊格尔斯神父的一篇文章对透纳的展品《朱丽叶与她的护士》进行了毫不留情的批判："这幅画简直像个莫名其妙的大杂烩，不知所云。"他在《黑木杂志》里写道："画里的光线既不是日光，也不是月光，更不是星光或火光（虽然作者放了堆烟花在角落里）……画里头有这么多荒唐的地方，让人没法知道朱丽叶特和她的护士为什么会出现在威尼斯。这里确实是威尼斯，或更确切地说，是把威尼斯的不同景物一把抓，涂成蓝色和粉红色，然后扔到一团面粉里。可怜的朱丽叶被放在这堆东西当中，周围是齁甜的空气。不知道她的衬裙会不会蹭到这座粉末状的建筑，把它刮褪色。"当时，年轻的罗斯金写了一篇短文对透纳表示支持，他把这篇文章寄给透纳。透纳回信感谢罗斯金"热情、友善，乃至因支持我而遭受攻击"。但透纳也让罗斯金放弃刊出短文的打算："面对

透纳的故事

《萨里郡的列治文山和大桥》
La Colline de Richmond et le pont, Surrey

作于1828年—1829年，水彩画，29.2厘米×43.2厘米，现收藏于英国伦敦大英博物馆

1839年，罗斯金的父亲将这幅画送给了罗斯金。这也是罗斯金收藏的第一幅透纳画作，此后他又陆续收藏了三百多幅画作。罗斯金对前辈的作品极其崇拜，在晚年的自传性作品《往昔》中，他称这本书带给他"无人能体会的快乐"。

这一切我什么也不会做。"他写道："如果这些批评纯粹是恶意攻击，那就没必要去在意……"可见透纳不仅对藐视他的人采取超脱的态度，而且对观众也是如此。不过，透纳对同侪还是比较认同的。他曾说："舆论对我来说无关紧要，艺术家的画是给内行人看的。"他还坦言某些同侪的作品曾对他的创作产生影响：他承认道，他创作《博卡乔讲述鸟笼的传说》（1828年，现收藏于伦敦泰特美术馆）的绘画灵感就来自前辈让-安东尼·华多和托马斯·斯托达。

三年后，也就是1839年，约翰·罗斯金的父亲将水彩画《萨里郡的列治文山和大桥》送给了罗斯金，这是罗斯金收藏的众多透纳作品（三百多幅）中的第一幅。正如他在未完成的自传《往昔》（1885年—1889年）中所写，这幅画每每都能给予他"无人能体会的快乐"。

在这本写于透纳去世四十多年后的书中，罗斯金精确地回忆了1840年6月22日两人的会晤，他写道："透纳无疑是这个时代最伟大的人。他拥有举世无双的想象力，无所不达的伟大知识；当今的诗人和画家，他就是威廉·透纳。很多人都曾向我描述一个粗鲁、浅薄、平庸且愚笨的透纳。我知道他不可能是这样的。我发现他是一个诚实的人，他很有英式的风度，务实，充满活力，有一点孤僻。他出色的天资显而易见，不过暴躁的脾气也很明显。他讨厌各种形式的吹嘘。他目光敏锐，也许有点自私，智力超群，却不哗众取宠，也不显山露水，只是偶尔通过一瞬间的想法、一句话或一个眼光流露出他的智慧。"

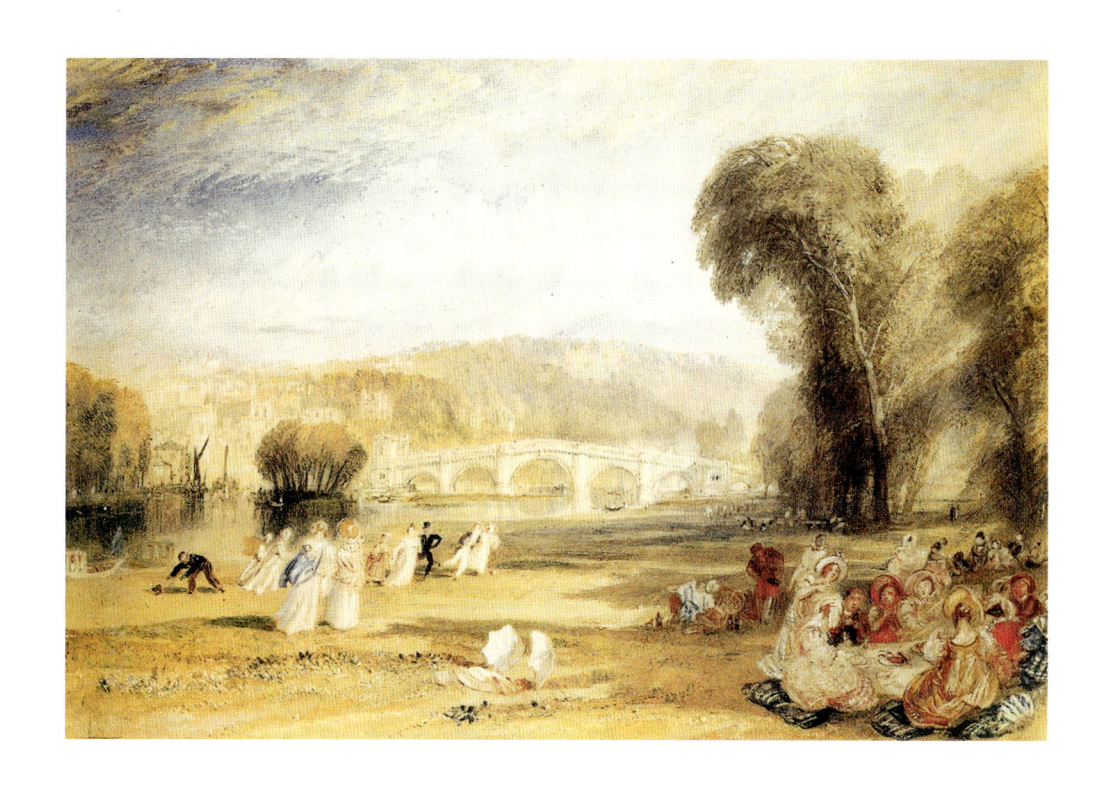

一年后,罗斯金再次见到透纳,此后他常常出现在透纳位于安妮女王大街的工作室和画廊中,这让两人的关系越发紧密,成了忘年交(相差44岁)。尽管两人接受的教育和气质都不同——透纳是实用主义者,而罗斯金是教条主义者,但透纳却成了罗斯金一家的常客。透纳为人谦虚,罗斯金曾说,"他很少有讨厌什么东西,除了大家对他某幅作品的吹捧"。透纳从未想过要在当时一众画家中独领风骚,也不喜欢有人拍他马屁,他有一次还批评过罗斯金对他的作品过度解读。诚然,不少批评家都意欲描绘这样一位美术大师的个性,不过在深入了解透纳神秘的个人生活之后——这番神秘使艺术家的形象更加扑朔迷离,我们会发现罗斯金笔下的透纳相当忠实地还原了透纳亲友所描述的形象。

透纳的故事

1842年，罗斯金开始撰书，取名为《透纳与旧时代的大师》。他意欲整理出一个名家派系，将透纳列入其中。书中还罗列了威尼斯画派大师（尤其是提香）、奎普、德·豪格、伦勃朗等人。根据出版商的意见，这本书取了一个更铿锵有力的标题，于1843年出版《现代画家：现代画家相较于旧时代大师在风景画艺术方面的优势——以现代画家（尤其是约瑟夫·马洛德·威廉·透纳）作品为例解析其还原度、美感以及技巧》。虽然透纳不喜欢罗斯金热烈赞颂他，但罗斯金还是将他作为五卷《现代画家》的核心人物。从1851年起，罗斯金开始宣扬"前拉斐尔派"，鉴于前拉斐尔派的作品也表现出了他前两卷《现代画家》（分别作于1843年和1846年）所强调的特质：真诚，以及还原度。在后来《现代画家》的第三第四卷（1856年）及最后一卷（作于透纳去世后近十年的1860年）中，罗斯金仍然花了大量笔墨赞扬这位"世界级大师"透纳的作品。

时人眼中的透纳：独一无二

《黎明的海怪》
Aube avec monstres marins
作于约 1845 年，布面油画，91.5 厘米 ×122 厘米，现收藏于英国伦敦泰特美术馆

画中怪兽的眼眶和嘴巴令人想起虚幻故事中的神兽，它隐藏在一团混沌中，笼罩在令人炫目的光芒里。这些图案让人联想到透纳四年前的作品《黑人》里更偏于现实主义的描绘。

从第一卷到最后一卷出版相隔的 18 年间，罗斯金经历了许多变故：离婚；旅行；发表了许多文章和书籍，包括《建筑的七盏灯》（1849 年）、《威尼斯的石头》（1851 年—1853 年）和《芝麻和百合花》（1865 年）；在牛津大学教授艺术史（1869 年—1879 年）；收藏名作，有近 250 幅是约翰·詹姆斯（1785 年—1864 年）和约翰·鲁斯金的作品；还有……透纳去世了。透纳的画作为罗斯金的个人艺术理论提供了源源不断的素材。罗斯金不断对自己的艺术理论进行细微的修正，而其中也包含一些前后矛盾的说法。罗斯金将评论的重点放在透纳早期的作品上，也就是透纳作为地形画家的较为传统的、抑或是体现出"更为典型"的现实主义的作品。罗斯金认为，作品中对自然的还原清楚体现了透纳对上帝的荣光的致敬。此外，他认为透纳 1830 年—1840 年画作的"真实性""真诚的感情""表现力"代表了其创作的巅峰。围绕这些关键特质，罗斯金构建了一门学说，他企图在透纳的艺术和道德品质与他自己的美学、伦理和宗教信念之间找到某种契合。

罗斯金以一种布道者一般的语气（有时也因此而受人诟病）来歌颂透纳无人能及的品质。根据罗斯金的说法，透纳是唯一全身心投入绘画的人，他能画出"形状各异的云彩和不同的天气。其他画家都只能做到形似的片面呈现，唯有他以肯定而普遍的方式将它们画出来。透纳是第一个能画出一座山、一块石头的画家，除他之外没有人研究过如何画它们，或者深入了解过它们的内在，大部分人都只采取了片面而晦涩的方式……透纳是第一个能画出树干的画家，在他之前的提香是最接近做到这一点的，并且提香在描绘粗大树干的肌理走向方面超过了透纳（尽管柔软蜿蜒的树枝使它们的力量看起来有所削弱），但提香忽视了枝干的优雅和特色。透纳是第一个能画出平静的水面和汹涌的波涛的画家，他呈现出空间对遥远物体的影响，也描画出自然色彩的抽象美"（《现代画家》）。此外，罗斯金还认为透纳在呈现对比度、阴影和光的强度这几方面无人能及，他在《现代画家》中写道："（透纳）画的光线强度令人炫目，穿透了画里的所有颜色，假如说画的色彩已经非常鲜艳夺目，那么光则是对观众造成视觉冲击的根本原因。"

时人眼中的透纳：独一无二

《勇敢的战役》
Le Fighting Téméraire

作于1838年，布面油画，90厘米×121.9厘米，现收藏于英国伦敦国家美术馆

画中，特拉法加海战役的"主角"——旧船"英雄号"被一艘现代轮船拖至最近的锚地拆除。它如幽灵般的轮廓似乎是现代注定将抛弃过去的隐喻。罗斯金认为这是透纳最后一幅体现"成熟期形成的至臻至善的技术"的画作。

似乎是为了彰显自己的观点的公正性，罗斯金并不忌讳对透纳提出批评，以使这些赞美之词听起来更加客观合理。比如罗斯金曾在《现代画家》中指出透纳绘画技法的桎梏，以及导致作品发生不可逆的损坏："读者可能注意到，我严格界定透纳作品的'完美期'，这段时期仅限于它们首次在皇家艺术学院的墙上展出的时候。我为此深感惋惜，但这也是事实。透纳没有一幅画在完工一个月后看起来还是完美的……透纳现在的画法采用一种非常特殊的方式来对颜料进行混合，必须不定期地烘干。然而，这一技法不能确保颜料在变化中总能达到个别时刻的惊艳效果。这一点从透纳一些相对没有受损的最为出彩的画作上也可以看出来。比如从色彩的角度来看，《勇敢的战役》几乎完好无损，素描保养得也很好；而《朱丽叶和她的护士》（参见第197页）就只剩下原作的阴影部分了；《奴隶主》倒是一条裂缝也没有，只是深色部分没那么有力了；《瓦尔哈拉神殿的开放》及一些威尼斯风景画则在皇家艺术学院的展墙上就开裂了。这种破损固然在一两年间不会继续加重，而且哪怕作品变质了，它依然是珍贵的，还是保留了原作的痕迹。但是，

一位如此出色的画家，竟然没有留下任何可以让后代充分衡量其价值的作品！这太让人遗憾了。"好在罗斯金这一痛苦的观察只涉及透纳"过渡"时期的绘画作品，"幸运的是，素描似乎没有受到这种损坏的影响。确实有许多素描已经到了几乎损毁的地步，不过主要都是透纳粗暴对待的结果，而且只涉及他最早期的作品。就我而言，我还没见到透纳任何一幅被小心保管且没有被粗鲁地暴露于阳光下的素描发生变质。透纳（及其他色彩大师）最大的敌人就是太阳、复原工作人员及镶框工人"。

时人眼中的透纳：独一无二

《黑人：台风即将来临，奴隶贩子把尸体和垂死的人扔到甲板上》
Le Négrier, marchand d'esclaves jetant les morts et les mourants par-dessus bord – Un typhon se prépare

作于 1840 年，布面油画，90.8 厘米 ×122.6 厘米，现收藏于美国波士顿艺术博物馆

这幅画描写了台风来临之际，奴隶贩子将尸体和垂死者通通扔到甲板上的场景。透纳一如既往地将鲜血的色彩融入悲剧中。他为作品题了几行描述悲剧的诗，最后以一个苦涩的问题结尾："希望，希望，骗人的希望！眼下你在何处？"

    此外，对于透纳对洛兰的崇拜之情，罗斯金在《现代画家》中表达了他的遗憾。罗斯金认为洛兰的才能"非常有限"，构思"空洞"，这一切"弱化且退化"了洛兰的创作。尽管罗斯金承认洛兰拥有"敏锐的洞察力和真诚的愿景"，也承认"他擅长塑造太阳"，但是他也强调透纳在各方面的品质均超出前者。罗斯金指出"透纳对透视了然于胸，这增强了他统筹各类主题的能力"，他接着说，"在普通透视中犯下明显而荒谬的错误是可耻的——正如我们在伦敦国家美术馆里洛兰所画的 14 号海军码头中所看到的"。我们前面强调过，罗斯金在自己各版本著作中经常提到一些概念（如"对空间或光线的处理"），而且选择个别画作进行着重解说，以更好地歌颂透纳的这些作品。比如《黑人》就激发了罗斯金舒展胸襟的冲动，他在《现代画家》中写道："我相信，如果可以选择透纳的一件作品令其永存不朽，那我会选择它。这幅画构思大胆，达到理想的最高境界，建立在最纯粹的真理之上。这一大胆的构思凝结了透纳毕生的才学。这幅画的颜色至臻完美；没有哪一部分、没有哪一条线的颜色是假的或是病态的。作品的谋篇布局如此精巧，画布上没有任何地方是有瑕疵的。整幅画的描绘既准确又引人注目：船只或漂浮，或后仰，充满动感。这幅画的色调十分真实，又有奇妙的效果。整幅绘画充分表现了一个崇高的主题和崇高的'印象'（这一点不在我们前面所提到的透纳画作所塑造的普遍真理体系之列），那就是深沉的、广阔无垠的、致命的大海的力量和威严。"

《白马上的死神》
Death on a Pale Horse

作于约 1825 年—1830 年，布面油画，59.7 厘米 ×75.6 厘米（带框：73 厘米 ×89 厘米 ×7 厘米），现收藏于英国伦敦泰特美术馆

画作描绘了一具横卧马背的骷髅，犹如迷雾中出现的幽灵，其原型很可能来自《圣经·启示录》中的白马骑士。这幅油画（很可能尚未完成）色彩对比鲜明，以压抑的气氛烘托骷髅的形象：他伸出一只骨瘦如柴的手，手骨穿过云层，探向幽灵般的光芒中。

  罗斯金曾在《现代画家》中通过类比希腊神话中"切断生命之线"的帕尔卡神[17]阿特罗波斯[18]，强调透纳作品中的悲剧性："我不需要专门挑出这条黑色的指引线，读者也可以看到它不间断地贯穿在透纳的整个创作生涯，乃至整个人生中。它就是阿特罗波斯之线。"回顾透纳作为画家的一生，他演绎了人们与自然力量无休止的斗争以及险境丛生的情景，有的描绘危险即将发生的场景，有的描绘灾害肆虐之后的情形；或是传奇故事，或是真实事件（如《埃及第五次瘟疫》《格劳宾登州的雪崩》等）。然而，与其他画家不同，透纳极少刻画死亡（无论是真实的还是隐喻的或象征的死亡）。他更习惯用强烈的光和令人痛苦的场景来表现人类终将死亡的命运，如《白马上的死神》。死亡这一主题还渗透到了透纳晚期的作品《站在阳光里的天使》中，作品标题明确指向《圣经·启示录》（第19章，第17—18节）："我又看见一位天使站在日头中，向天空所飞的鸟大声喊着说：你们聚集来赴神的大筵席，可以吃君王与将军的肉，壮士与马和骑马者的肉，并一切自主的为奴的，以及小人民的肉。"这幅画展出时，透纳在展览目录上堪称经典地题下了塞缪尔·罗杰斯《哥伦布远航》中的诗句："清晨，驶向太阳的航行；夜幕时分，秃鹫的盛宴。"[19]

  罗斯金在《现代画家》中写道："透纳画作的珍贵之处，其真正的价值、其无与伦比的价值，都远远超出语言所能描绘的范围。"罗斯金对于其偶像的力荐有时令人忍俊不禁，另外，他对透纳过高的评价有时会歪曲观众对其作品的正确理解。然而，正是基于对透纳的称赞和宣扬，罗斯金也树立了自己的声望。

17　译者按：帕尔卡神，希腊神话中掌管生、死、命运的三位女神的统称，是宙斯的女儿。

18　译者按：阿特罗波斯，希腊神话命运三女神中的最年长的一位，掌管死亡，负责切断生命之线。

19　译者按：原文为："The morning march that flashes to the sun; The feast of vultures when the day is done。"

《站在阳光里的天使》
L'Ange debout dans le soleil
作于 1846 年，布面油画，78.7 厘米 ×78.7 厘米（带框：94.2 厘米 ×94.2 厘米 ×7.3 厘米），现收藏于英国伦敦泰特美术馆

画中的天使形象从金色的万丈光芒中凝聚而成，让人不禁联想到《旧约》中的场景。画面左下方，亚当和夏娃对着亚伯的遗体痛哭流涕；右边，朱迪思立于被斩首的霍洛弗涅斯跟前。整幅画的背景模糊不清又令人不安，隐约可见鸟群和骷髅。

1888 年，也就是罗斯金最后一次患脑热病的前一年——这次发病标志着他作为多产作家的创作生涯结束，罗斯金为自己的著作补全附录。其中，他再次致敬了"改变了他的命运"的已故艺术家透纳。过去的七年间，罗斯金完成了对透纳作品的一系列清点工作，这是他 1856 年受国家美术馆委托而着手进行的。回忆起这段往事，罗斯金说："透纳去世时将自己的作品全部捐给国家。我去看了，可是每次都看到它们被放在国家美术馆地下室的尽头，没有人关心，似乎也没人欣赏它的价值。为此我给总理写了信，如果我没记错当时的总理是帕默斯顿勋爵。我告诉他，如果能由我来对透纳的作品进行分类和编目，我将感到非常自豪。他安排博物馆的管理人员与我取得联系，我于是被正式委任为这项任务的负责人。从 1857 年一直到次年的下半年，我都埋头在这项工作里……然而，有一天，我打开一个箱子，发现里面装满了令人羞赧的、描绘女性性行为的素描和油画，还有一些完全不可原谅的、在我看来莫名其妙的草图。我决心调查这些无耻之作起于何处，后来得知我的偶像（透纳）每周五都会离开切尔西的家，到沃平住到周一早上。他和一群码头的妓女住在一起，画下她们各种浪荡的姿势……我该怎么办？几周来，我不知所措、辗转反侧。最后，有一个想法闪现：我是被上天选中唯一能对此事做出终极决定的人。我立即放火烧了这数百幅不知廉耻的草图和作品……是的，我把它们一把火烧掉了！你们不觉得我做得对吗？我为此感到自豪，非常自豪。"

时人眼中的透纳：独一无二

罗斯金的这一决定对于力求严谨的人来说很难被原谅，而且这并非他唯一有失妥当的决定。比如，罗斯金选择将透纳 36 本处于严重破损状态的速写本（除了前面提到的 267 本速写本）的页面拆解开。尽管罗斯金说在整个清点工作中他都很小心谨慎，但他有时仍很难将创作时间分散的速写本按照最初的顺序重新连接归置起来。由于信息的遗失，现在很难确定透纳 1821 年是在勒阿弗尔还是在迪耶普上船（或下船），也很难确定他是沿着塞纳河的哪个方向行进的。此外，鉴于个别草图非常简略，罗斯金有可能会误将它们归到其他速写本中。

透纳的故事

罗斯金如此"经验主义"的处理方法从某种程度上可以归因于其工作量的庞大。确实，最初负责列出透纳遗赠给国家的作品的清单的两位专家在1858年11月已经盘点出了100幅已完成的绘画、182幅未完成的绘画、19049幅彩色或铅笔素描的草图。在罗斯金于1862年5月14日提交给国家美术馆的第一份手写报告中，他将未展出的作品收集整理成308本画册，其中71本评估为"非常好"，124本为"一般"，108本为"差或无价值"和5本为"未检查"。这一清单虽然罗斯金本人也承认"非常粗糙"，但它作为临时清单，可以快速确定哪些作品优先展出，而不必囿于时间顺序或地形的一致性。

从数目上我们就能够了解罗斯金面临的任务之艰巨。尽管罗斯金的某些决定应该受到谴责，但是他采用的一些博物馆学措施还是值得肯定的，其中有些措施还具有一定的开创性。如罗斯金首创"将最脆弱的彩色作品放置在能同时容纳几张作品的架子上，以保护它们免受光线的侵害。这一工作事项已经完成了。还需要挑选其他素描，小心组装起来，这项工作将在之后完成"（《馆长报告》，1858年4月）。此外，罗斯金整理出约四百幅作品，放在定制的桃花心木可移动储物柜中供人欣赏，这些作品至今仍存放其中。约一千幅画作被固定在画架上，并存放在铁制容器里。而且，罗斯金打算更替挂架以保护画作，同时也为了让来自伦敦及其他地方的观众可以陆续入场，获得更好的观赏体验，他申请了展厅。这最后一个愿望（其实也是透纳的愿望）在 1878 年得到了一定程度的实现：当时国家美术馆扩建，因此将接近三百幅的素描和草图放在两个展厅中展出成为可能。后来罗斯金又对选中的作品名单进行了更改。除了透纳遗赠给特拉法加广场博物馆（建成于 1838 年）的 9 幅作品，几乎所有其他作品都保存在泰特美术馆（建于 1897 年）。自从 1987 年泰特美术馆的新附楼落成以来，透纳的大部分作品在此展出，以便于人们深化对透纳及其作品的研究。尽管罗斯金某些做法有失考虑（也许比他的言语带来的后果更严重一些），但无疑是得益于他主持的第一次重大的清点工作，以及他提倡的保管措施，今人才得以认识英国艺术史上这位里程碑式的艺术大师，也才有了对透纳的多元化解读。

透纳的故事

后世艺术家的灵感源泉

Une source d'inspiration pour les générations postérieures

一个半世纪前，透纳的正式葬礼在伦敦的圣保罗大教堂举行，时人（同侪、收藏家、政治家等）最后一次向他致以敬意和歌颂。然而，直至今日，我们仍能看到透纳的绘画理念及作品对后世的影响：从惠斯勒到琼坎，从莫奈到毕沙罗，从抽象表现主义到巴黎新学院艺术家，从苏拉吉到赵无极……透纳成了无数后世艺术家的灵感源泉。

鉴于透纳与詹姆斯·麦克尼尔·惠斯勒具有相似的可塑性，许多作家乃至艺术家都曾试图说明透纳对惠斯勒的影响。惠斯勒住在伦敦，有机会瞻仰透纳的作品。惠斯勒经验主义的创作方法、返璞归真的画风、一贯简洁的画面，以及他对光线和色彩变化的关注……这些要素都佐证了两者的相似性。然而，这位美国艺术家本人却毫不妥协地对此进行了驳斥。

《伦敦桥》
Le Pont de Londres
詹姆斯·麦克尼尔·惠斯勒,作于 1880 年—1890 年,17.5 厘米 ×27.8 厘米,
现收藏于美国华盛顿特区史密森学会的弗瑞尔艺术画廊

  首先,我们可以对比一下两位艺术家都偏好的视角。他们通常都选取很低的视角,尤其是海景画和描绘泰晤士河或威尼斯的作品中。关于此系列作品有个趣闻:居住在切尔西的船舶制造商格里夫斯曾为透纳开船,而他的两个儿子则都为惠斯勒开船。透纳和惠斯勒都选择在户外写生,表现出二人共同的关注点。其次,他们都习惯在速写的基础上,回到画室再润色。并认为记忆是创作的关键因素。透纳说,他"不是单纯地复制线条,而是将形状和符号巩固在脑海中,从我所观察到的结果出发,尝试破译艺术的语言,并在可能的情况下,探索艺术的语法"。这一思维训练对于惠斯勒而言也是至关重要的,他的《夜曲》就清楚体现了他对贺拉斯·勒考克·德·布瓦博德朗《如画的记忆教育》(1847 年)的浓厚兴趣。《如画的记忆教育》强调技艺对于激发艺术家创造力的重要作用。

透纳的故事

| 20 | 译者按：几尼，英国旧金币，合 21 先令。英国第一代由机器生产的货币，因最初由几内亚的黄金铸就而得名。

    我们前面提到过，透纳习惯将油画技法运用到水彩画中，也常会将水彩画技法运用到油画中，让景物笼罩在光影中，赋予景物一种朦胧、消融的效果。而惠斯勒在"伦敦桥"系列中运用的金黄色和灰色，也令人联想到透纳富有表现力的"泰晤士河大桥"系列。透纳反映歌德理论的"阴影与黑暗"系列和"光明与色彩"系列似乎都与惠斯勒的美学倾向不谋而合。不过，惠斯勒本人却认为透纳的作品中强烈的阳光和千篇一律的光影很突兀，令人反感，即便他自己也存在同样的问题。

    据传记作家佩内尔的记载，"惠斯勒无法理解为什么英国人对透纳如此敬佩……格里夫斯曾在林赛街听到惠斯勒对透纳的憎恶之语"。惠斯勒对透纳的批判毫不客气，但是他自己也饱受诟病，声誉不佳。比如，透纳的坚定捍卫者罗斯金就针对这位美国画家发起了严厉的控诉（《给英国工人的信》，1877 年 7 月），他控诉惠斯勒"开出 200 几尼[20]的价格，却随便用一罐油漆糊弄公众"。我们很难理解罗斯金为什么要这样毫不留情地抨击惠斯勒。要知道，《文学公报》1842 年形容透纳的画作"就好像把白色、蓝色和红色喷在画布上，让颜料粘在画布上一样"时，罗斯金可是挺身而出为透纳辩护。此外，罗斯金还不惧怕流言蜚语，无视惠斯勒的不屑，在《现代画家》中称赞透纳的技法道："随便指出画布的哪一寸，都经过透纳脑海中清晰而完整的设计，他心中早已有了一幅精细的、充分构思的图景。不过，透纳的构思虽然面面俱到，但是他所呈现的只是自然让我们感受到或看到的东西，没有其他多余的修饰。画里数以百万计的线条没有一条是繁冗的，不过画中的线条也无不受到远处的眩光和朦胧影响而发生扭曲。没有一个形状看得清，但也没有任何形状看不清。"

后世艺术家的灵感源泉

《风景画：河流与远处的海湾》
Paysage avec une rivière et une baie dans le lointain

作于约 1845 年，布面油画，93.5 厘米 ×123.5 厘米，现收藏于法国巴黎卢浮宫

此画曾由巴黎实业家卡米尔·格罗尔（1832 年—1908 年）收藏。普鲁斯特、毕沙罗和埃德蒙·德·龚古尔都在格罗尔家中欣赏该画。埃德蒙·德·龚古尔这样赞扬这幅大胆的作品（《日记》，1890 年 1 月 18 日）："在（格罗尔家的）油画藏品中，有一幅是透纳的：画里有一个淡绿色的湖泊，轮廓朦胧。突然电光闪现，一个湖出现在黄褐色土地的尽头。上帝啊，这幅画让莫奈和其他画家的杰作都黯然失色！"

惠斯勒与透纳，不仅在绘画方法和技巧上十分相似，还都非常讲究作品的展出方式。法灵顿回忆道："透纳曾说，如果他的画（《暴风雪：汉尼拔和他的军队越过阿尔卑斯山》，参见第43页）没有被放在（视线水平）线以下，他宁愿将画收回。"他甚至毫不忌讳向画廊负责人发出提醒，亲自指定正确放置画作的位置，好让观众可以从各个方向欣赏他的作品。透纳的理念与惠斯勒不谋而合，后者在个人展览中的措施更为"激进"，而且曾尝试在美术机构中进行推广其规范，如在作品之间须腾出一个小空间，画框须放在一两条水平线上等。

当然，惠斯勒之所以如此坚决拒绝将自己的作品与这位英国大师相比较，主要是出于他个人的喜恶，与绘画创作本身关系不大。

荷兰画家约翰·巴托尔德·琼坎（1819年—1891年）在许多作品中都体现了对北欧光线的关注。他的作品构图清晰，常常笼罩在一层北欧的日光中。琼坎与透纳的相似性如此明显（尤其是他们的港口风景画），显然是因为他们的素材有着共同的来源：荷兰黄金时代的明艳的风景画，还有洛兰严谨的作品。洛兰的作品和众多北部画派的名作一样，都留出大片的"空白"，以烘托宁静深远的意境。不过琼坎的作品中丝毫不影射历史、《圣经》或神话的故事……虽然天空常常风云变幻，但整体仍然保留了古典的构图。琼坎偶尔会描绘朦胧氤氲的画面或者采用零碎的笔触，但为了维持画面的稳定感，他的画中绝对不会出现离心运动或失控的旋涡，更别提会像透纳一样描绘风起云涌般的剧变了。

后世艺术家的灵感源泉

《夜间水手在卸煤》
Mariniers déchargeant du charbon la nuit

作于 1835 年，油画，92 厘米 ×122.6 厘米，现收藏于美国华盛顿国家美术馆

覆盖整幅画的月色赋予了作品悠远的意境。这幅画于 1835 年在皇家艺术学院展出，引发了热议。港口、浅色背景下以寥寥几笔勾勒出的小船的深色轮廓、让人联想起北欧冬日的主冷色调……画中这些因素也都出现在后来的荷兰画家琼坎（1819 年—1891 年）的许多作品中。琼坎对港口的情景和广阔的天空非常痴迷。

透纳的故事

另一位对琼坎起到决定性影响的画家是欧仁·伊莎贝（1804 年—1886 年）。琼坎是在 1846 年认识伊莎贝的，当时伊莎贝细致生动的海景画在公众中引起轰动。作为诺曼底沿海风景画的宗师，伊莎贝本人也受到了英国风景画家的影响，如康斯特布尔、波宁顿，当然还有……透纳。

继他们之后，巴比松画派[21]艺术家也追求在油画中注入水彩的流动感。巴比松画派主要专注于描绘森林和灌木丛，不过有些巴比松画派画家也特别关注于风景画中光线在湖泊、池塘、河流表面的表现。在这方面，尤其以查尔斯·弗朗索瓦·杜比尼（1817 年—1878 年）为代表。杜比尼与琼坎一样有着相同的研究对象（特别是康斯特布尔），他常常拜访琼坎，在绘画的许多方面的见解与琼坎相近，尤其是杜比尼也偏好零散的笔触，而且对天空的表现也有深入研究。不过，在创作的自由度上，杜比尼要比琼坎低些——后者习惯按照记忆来作画，并根据脑海中的景物重新组织作品。和透纳以及后来的莫奈一样，杜比尼也习惯在自己的船上写生，他被视为巴比松画派和"印象派"之间的过渡性人物。所谓"印象派"，更多的是为了方便描述，而不是基于其真正的风格特性。

印象派艺术家对当时的官方美术机构（如美术沙龙和学院）提出大胆质疑，指出后者的不足。印象派画家选择在户外创作，记录下转瞬即逝的现实，譬如水的波动或

后世艺术家的灵感源泉

吹过树的风。写实的做法由来已久，而印象派画家的特殊之处在于他们虽然在现场完成大部分创作，但只是赋予景物一个大略的形态，而不追求学术意义的"完整"，其笔触仿佛随着时间凝固，呈现出如梦如幻、无形无迹的样子。

  印象派在描绘自然的过程中，会选择适当的绘画方法和技术来表现景物在光线中渐变模糊的效果。他们通常预先准备好画布，根据风景本身的主色调来选色。与学院派相比，印象派的画面更趋于变化，笔法更为自信、零散和抽象。通过其画中的透明感、叠放、留白、彩色高光、方向分散的笔触等，景物获得了一种新的实质感。印象派与透纳的作品之间的共通之处值得我们探究。比如透纳将太阳和光线表达置于作品的核心地位，这一点对专注于呈现景物在自然光线变化中下的景物的印象派艺术家产生了深远的影响。

---

21 译者按：巴比松画派是 1830 年—1840 年在法国兴起的乡村风景画派，得名于枫丹白露附近的一个小村庄。

然而，将透纳奉为印象派先驱的人需要正视一点：透纳极少外出写生。英国著名建筑师约翰·索恩爵士的儿子佐证了这一点："在罗马，有一位爱钻牛角尖的画家请脾气暴躁的老透纳跟他一同去画画。透纳嘟嘟囔囔，说户外作画太花时间，他本可以画十五六幅铅笔画，现在只能画一幅彩色画。最后他骂骂咧咧地回家了。"

　　诚然，印象派（尤其是新印象派）作画的灵感常来自直觉，并融入了画家对光学、色彩分解乃至笔触方向等方面的深入研究。不过，印象派画家对印象派的解读却不尽相同。以卡米耶·毕沙罗（1830年—1903年）为例，无论是从作品，还是从他在艺术家群体中扮演的角色来看，毕沙罗都属于活跃的印象派画家，他还经历了所谓的"新印象派"时期。1903年，毕沙罗曾表示，他不赞同人们将透纳与印象派的起源进行过度的联系："透纳并没有对阴影进行分析，他只是将阴影作为一种效果，也就是表现为光线的缺失，仅此而已。他虽然可以完美地利用其他技法来进行色调的划分，但是他在具体应用中不够准确，也不够自然。"毕沙罗认为，尽管有不少法国画家，如莫奈和西斯利，在公社时期到伦敦避难，但并不应该因此将透纳视为印象派的先驱。1903年，毕沙罗在给同位画家的儿子卢西安的信中写道："这位德赫斯特先生[22]对印象派运动一无所知……在去伦敦之前，我们（莫奈和我）对光线一窍不通，但我们的习作还是比较出色地表现了光线。德赫斯特固然否认了克劳德·洛兰、柯罗[23]乃至

后世艺术家的灵感源泉

整个 18 世纪特别是静物画大师夏尔丹的影响，但他却没有反思过，透纳和康斯特布尔给我们带来的启发，不过这也证实了这几位画家都还不了解如何分析阴影。在透纳的作品中，阴影始终是一种效果、一种光的空缺。但从色调的划分上看，透纳只将阴影作为一种笔法，却做不到准确、自然。"

1918 年，克劳德·莫奈向收藏家热内·金佩尔解释道："我一度非常喜欢透纳，现在却不那么喜欢了。为什么呢？因为他对颜色的表现不够，而且他画里的颜色太多了。"然而，不可否认，莫奈的伦敦风景画与透纳的作品有着异曲同工之妙，而且莫奈"睡莲"系列中的抒情、笔触及丰富的用色也被认为与透纳后期的作品有着某种共通之处。

22　温福德·德赫斯特（1864 年—1941 年），风景画家。

23　译者按：让-巴蒂斯·卡米耶·柯罗（1796 年 7 月 16 日—1875 年 2 月 22 日），法国著名的巴比松画派画家，也被誉为 19 世纪最出色的抒情风景画家。

透纳的故事

其实，莫奈和透纳都习惯于自由的画法：莫奈倾向于用细碎的笔触（其笔触方向和厚度常有变化），整体上采用较为均衡的画法，令作品里各个部分的景物达成和谐的效果；而透纳则是随心所欲地描绘景物，通过厚涂一处来界定图案，或利用透明度来模糊景物轮廓。透纳的许多作品都具有这一灵动变化的特点。比起透纳本人的签名，观众通过透纳的笔法风格似乎更容易辨别他的作品。但是，在透纳采用宽而长的线条和流动感极强的颜料完成的彩色习作中，观众的眼睛须纵观全图才能找到成型的景物元素，毕竟作品中明亮的彩色部分轮廓不很分明。

透纳偏爱作品的诗性，而印象派则专注于诠释一种新的客观性。尽管二者有相似之处，但是他们的灵感来源和表现手段截然不同，比如笔触的方向和形状、景深等。

最后，透纳的作品除了烘托宁静气氛（比如威尼斯风景画），也有不少是刻画人和自然力量之间的冲突，或各种自然力量之间的对抗，从而呈现潜伏的、正在逼近的或已然发生的悲剧。莫奈将透纳的这类主题解释为"其内心深处强烈的浪漫主义"。而印象派则不涉及此类主题。

此外，诸如保罗·西涅克和亨利·马蒂斯（1869年—1954年）等人都曾到伦敦"朝圣"，去瞻仰透纳的作品。受到透纳深刻影响的艺术家不胜枚举。毋庸置疑，他们都十分推崇透纳的绘画和用色风格。要知道，在透纳的时代，他的风格曾是饱受诟病的，比如《先驱晨报》曾将透纳的一幅画说成是"乱七八糟的颜料样品：画里有朱红色、靛蓝色，还有粗糙的绿色、黄色和紫色，争奇斗艳，这么突兀的色彩对比我原以为只能在万花筒和波斯地毯上看到"。

后世艺术家的灵感源泉

除了上述艺术家与透纳的对比，历史学家也常探讨当代艺术家与透纳的契合之处：透纳作品中流动、刮擦、斑点、印记和留白等效果无疑启发后世许多经典作品的创作，其中包括抽象表现主义作品、抒情抽象派作品，甚至也有近现代的作品。1842年，《文学公报》曾发表了这样一篇文章，称此类作品："将少量白色、蓝色和红色的颜料投掷在画布上，让颜料随机地附在上面，然后给一些形状加上阴影，整体看起来就像一幅画。"实际上，透纳许多小习作特有的精简笔法，再加上颜料的流动感（他有时还会把颜料洒在布上，让颜料自由流淌）、他对光线的迷恋以及画面的震颤感等这些特质都在抽象表现主义和行动绘画的代表画家身上有所体现，如美国的马克·罗斯科（1903年—1970年）、威廉·德·库宁（1904年—1997年）、弗朗兹·克莱恩（1910年—1962年）、杰克逊·波洛克（1912年—1956年）和罗伯特·马瑟韦尔（1915年—1991年）；也有欧洲大陆的人物，如介于抽象派与表现主义之间的艺术家罗杰·比西耶（1886年—1964年）、抒情抽象派的先驱之一布拉姆·凡·维尔德（1895年—1981年），还有巴黎新学院派的艺术家，如让·巴赞（1904年—2001年）、阿尔弗雷德·马西尼尔（1911年—1993年）、擅长非正式抽象作品的皮埃尔·苏拉吉（1919年—？）和赵无极（1921年—2013年，创造出一个明亮多姿的世界，令人徜徉在诗梦中）。

如今，对透纳刻薄辛辣的批判是少了一些，但依然有反对者对他"不够正统"的艺术创作进行口诛笔伐（只是语气稍微缓和些）。诚然，透纳在一个多世纪前构思的作品与现代作品之间的某些契合之处令人惊叹，但我们也须承认透纳缺乏抽象的理论观念，而推动了现代艺术发展的正是抽象的艺术理论。因此，与其将透纳奉为现代艺术家的先驱，不如就用新的眼光衡量他的艺术成就，体会透纳"伟大、辉煌、可敬的画作"（康斯特布尔）所散发的独特魅力。康斯特布尔还曾补充道："透纳的作品不仅是画，更是艺术，让人可以为其生，为之死。"

　　透纳擅长用精准简练的笔法刻画简单的景物，用画笔或刻刀快速呈现图案，用节制的色彩进行精心的调绘……这些绘画特色使透纳的作品独具一格，哪怕是草稿也极具表现力。透纳朦胧模糊的画面营造了一种诗意和神秘感，使他朴素而灵动的小幅习作变得尤其可爱、亲和，将观众带进想象的世界里。

后世艺术家的灵感源泉

最后，我们说一说在透纳所有作品中无可替代的元素：太阳。据罗斯金说（且不论其可信度），透纳在离世前几周曾面对落日，低声说道："太阳是上帝。"可见透纳希望赋予他的作品更深远的含义。他画中的朦胧启发着观众思考世界上的未知及不可见之物，也使创世的奥秘变成一个普通人也可以思考的问题。虽然我们对透纳本人的宗教信仰知之甚少，但是其作品中无所不在的阳光很可能映射着他对"世界之光"和"造物主"上帝的内在反思。这一切表达都呼应了犹太教-基督教传统中由来已久的艺术家与造物主之间的丰富比喻。不过，透纳几乎从未提及此类话题，因此笔者也无意背离艺术家的精神信念。我谨撷取评论家索雷·布尔格（1807年—1869年）一个半世纪前写于《在曼彻斯特展出的艺术珍宝》（1857年）中的一句话作为本书的结语："透纳想描绘'光'本身的想法与阳光下的景物无关……除了透纳，从来没有一个画家如此令人动容地传达了万物相互融合的印象。正是在这一诗意的泛神论的指引下，他留下了千古名作。"

透纳的故事

原版书作品版权

Credits

Archives iconographiques, DR et : Ashmolean Museum, Oxford, pp. 70, 71, 147 ; British Museum, Londres, pp. 4, 7, 41, 55, 91, 96, 99, 111, 113, 132, 170 ; City Art Gallery, Manchester, p. 65 ; Fitzwilliam Museum, Cambridge, p. 161 ; Fondation Calouste Gulbenkian, Lisbonne, p. 73 ; Frick Collection, New York, p. 87 ; Indianapolis Museum of Art, pp. 18, 25, 97 ; Museum of Art, Cleveland, p. 47 ; Museum of Fine Arts, Boston, p. 172 ; National Gallery, Londres, pp. 45, 130, 131, 136, 171 ; National Gallery of Art, Washington, p. 183 ; Philadelphia Museum of Art, p. 46 ; Royal Academy of Arts, Londres, p. 19 ; Sheffield City Art Galleries, pp. 62, 153 ; The Tate Gallery, Londres, pp. 9, 17, 21, 23, 26, 27, 29, 31, 32, 35, 37, 39, 44, 58, 61, 67, 69, 72, 77, 78, 79, 83, 84, 86, 89, 92, 93, 95, 98, 100, 102, 103, 105, 108, 109, 110, 115, 118, 119, 120, 121, 123, 125, 126, 127, 133, 134, 135, 137, 138, 140, 141, 143, 156, 157, 159, 160, 162, 163, 173, 177, 179 ; Yale Center for British Art, New Haven, pp. 43, 60, 85.

图书在版编目（CIP）数据

透纳的故事 /（法）伊莎贝尔·埃诺·勒希安著；
黄莉荞译 . -- 上海：上海书画出版社，2020.9
（画说印象派）
ISBN 978-7-5479-2466-2

Ⅰ. ①透⋯ Ⅱ. ①伊⋯ ②黄⋯ Ⅲ. ①透纳 (Turner, Joseph Mallord William 1775-1851) —生平事迹 Ⅳ.
① K835.615.72
中国版本图书馆 CIP 数据核字 (2020) 第 168429 号

Original Title: William Turner
Author: Isabelle Enaud-Lechien
Original Version © ACR Edition Internationale, Courbevoie, Paris, 2004
© 2004 ACR PocheCouleur (volume 37)
Text translated into Simplified Chinese © Tree Culture Communication Co., Ltd., 2020
Exclusive distribution and sales rights in the PR of China only (no rights in Taiwan, Hong Kong and Macau)
No part of this publication many be reproduced, stored in a retrieval system or transmitted in any form or by any means without the prior permission of the publisher.
上海树实文化传播有限公司出品，图书版权归上海树实文化传播有限公司独家拥有，侵权必究。Email:
capebook@capebook.cn

合同登记号：图字：09-2020-973

画说印象派
透纳的故事

著　　者	【法】伊莎贝尔·埃诺·勒希安
译　　者	黄莉荞
策　　划	王　彬　黄坤峰
责任编辑	王　彬　朱孔芬
审　　读	雍　琦
技术编辑	包赛明
文字编辑	钱吉苓
装帧设计	树实文化
封面设计	半和创意　树实文化
出版发行	上海世纪出版集团 上海书画出版社
地　　址	上海市延安西路593号　200050
网　　址	www.ewen.co www.shshuhua.com
E-mail	shcpph@163.com
印　　刷	上海中华商务联合印刷有限公司
经　　销	各地新华书店
开　　本	889×1194　1/24
印　　张	9.5
版　　次	2020年10月第1版　2020年10月第1次印刷
印　　数	0,001-6,000
书　　号	ISBN 978-7-5479-2466-2
定　　价	88.00元

若有印刷、装订质量问题，请与承印厂联系